Timmy Lutz

Mobile Device Management in Zeiten von mobilem Arbeiten

Wie Unternehmen mobile Endgeräte erfolgreich in bestehende IT-Infrastrukturen integrieren

Bibliografische Information der Deutschen Nationalbibliothek:

Die Deutsche Nationalbibliothek verzeichnet diese Publikation in der Deutschen Nationalbibliografie; detaillierte bibliografische Daten sind im Internet über http://dnb.d-nb.de abrufbar.

Impressum:

Copyright © Studylab 2021

Ein Imprint der GRIN Publishing GmbH, München

Druck und Bindung: Books on Demand GmbH, Norderstedt, Germany

Coverbild: GRIN Publishing GmbH | Freepik.com | Flaticon.com | ei8htz

Management Summary

Immer mehr Mitarbeiter möchten ihre privaten mobilen Endgeräte auch geschäftlich nutzen können. Zudem ist es für ein Unternehmen in der heutigen Wirtschaft notwendig, Innovationen als Erster umzusetzen, um sich Wettbewerbsvorteile zu verschaffen und auf dem Markt führend zu sein. Dem Wunsch der Mitarbeiter, eine simultane Umgebung gegenüber dem Desktoparbeitsplatz mit mobilen Endgeräten im Unternehmen zu ermöglichen, sollte nachgegangen werden. Alle Prozesse und Einrichtungen eines Unternehmens, die dem Zweck dienen, mobile Endgeräte in die Geschäftsprozesse einzubinden, fasst man unter dem Begriff mobile IT-Infrastruktur zusammen.

Um eine wirksame Strategie für ein Unternehmen zu entwickeln, ist es unabdingbar, sich auch Gedanken über Mobile Applikation Management (MAM), Mobile Informationen Management (MIM), Mobile Security Management (MSM) und Mobile Content Management (MCM) zumachen. Mobile Device Management (MDM) ist eine Art Sicherheitssoftware, die von einer IT-Abteilung verwendet wird, um die mobilen Endgeräte von Mitarbeitern zu überwachen, zu verwalten und zu sichern. Beim Mobile Device Management kann vieles aus dem klassischen Device Management adaptiert werden, doch bei einigen Punkten müssen die Konzepte überprüft werden.

Mobile Device Management-Systeme werden hauptsächlich dann eingesetzt, wenn ein Unternehmen seine Daten schützen möchte. In punkto Sicherheit, verliert ein Unternehmen schnell mal die Kontrolle über ihre Daten, da ein Mitarbeiter diese Daten, die sich möglicherweise in seiner privaten Cloud befinden, mit anderen teilen lassen, ohne dass irgendeine Compliance-Anforderung an das mobile Endgerät gestellt wird. Vor allem Grossunternehmen mit hochsensiblen Daten wie Patientendaten oder Daten aus dem Finanzbereich sollten hier strenge Richtlinien erlassen, um die Daten zu schützen. Dabei gilt es jedoch rechtliche Aspekte zu beachten, welche aufgrund der Tatsache, dass sich das mobile Endgerät möglicherweise in privatem Besitz befindet nicht zu verachten sind.

Es bestehen Verschiedenste Ansätze wie man einem Mitarbeiter die Arbeit ausserhalb des Unternehmensnetzwerkes vereinfachen kann. Man spricht hier von Bring your own Device (BYOD) oder Coporate owned personally enabled (COPE). Dabei sind die Ansätze dementsprechend unterschiedlich in deren Anschaffung und Verwaltung der mobilen Endgeräte.

Die dafür verwendeten Mobile Device Management Server stehen entweder im Unternehmen selbst oder werden über einen Cloud Service als SaaS angemietet.

Inhaltsverzeichnis

Management Summary III

Abkürzungsverzeichnis VIII

1 Einleitung 1

2 Problemstellung 2

3 Ziele der Arbeit 5

4 Grundlagen des Mobile Computing 6
    4.1 Klassifizierung mobiler Endgeräte 6
    4.2 Definition 8
    4.3 Betriebssysteme für mobile Endgeräte 9

5 Grundlagen des Mobile Device Management 12
    5.1 Mobile Device Management (MDM) 12
    5.2 Mobile Applikation Management (MAM) 14
    5.3 Mobile Information Management (MIM) 14
    5.4 Mobile Security Management (MSM) 15
    5.5 Mobile Content Management (MCM) 15
    5.6 Enterprise Mobile Management (EMM) 16

6 Differenzen zwischen mobilen und herkömmlichen IT-Infrastrukturen 18
    6.1 Ausrichtung IT 18
    6.2 Netze und aktive Komponenten 19
    6.3 Energiemanagement 19
    6.4 Verwaltung 20
    6.5 Incident und Problemmanagement 21
    6.6 Business Continuity und Notfallplanung 22
    6.7 Audits 22

7 MDM und ITIL 24

7.1 Servicestrategie 25

7.2 Service Design 25

7.3 Service Transition 25

7.4 Service Operation 25

7.5 Kontinuierliche Serviceverbesserung (CSI) 26

7.6 Mobile Endgeräte in ITIL 26

8 Konzept für Mobile Device Management 32

8.1 Bring your own Device 32

8.2 Corporate Owned Personally Enabled 33

8.3 Take it or leave it 34

8.4 Vergleich der Konzepte 34

8.5 Architekturen 36

8.6 Marktübersicht 40

8.7 Unternehmensbefragung zur Marktsituation 49

8.8 SWOT-Analyse 53

9 IT-Management und Strategie 54

9.1 Verteilung der Arbeitslast für die Verwaltung mobiler Endgeräte 54

9.2 Mögliche Fehler in der IT-Strategie 55

10 Rechtliche Sicht 56

10.1 Datenrichtlinie 56

10.2 Arbeitsrecht 56

10.3 Datenschutz und Compliance 58

10.4 Immaterialgüterrecht und Lizenzrechte 59

10.5 Haftung 60

11 IT-Sicherheit 62

11.1 Grundsätzliches 63

11.2 Organisatorische Sicherheitsmassnahmen 66

11.3 Schwachstellen und Risiken 68

12 Wirtschaftliche Erkenntnisse **72**

12.1 On Premise oder SaaS 72

13 Schlussfolgerung **80**

Literaturverzeichnis **82**

Abbildungsverzeichnis **85**

Tabellenverzeichnis **86**

Anhang **87**

MDM Fragebogen 87

Begründung der Themenwahl 96

Bezug zu Unterrichtsfächern 96

Fragestellungen 96

Absicht der Arbeit 97

Ausformulierte Ziele der Arbeit 97

Arbeitsvorgehen 98

Informationsbeschaffung / Quellen 98

Abkürzungsverzeichnis

Abkürzung	Erklärung
BCM	Business Continuity Management
BIA	Business Impact Analysis
BES	BlackBerry Enterprise Server
BYOD	Bring Your Own Device
CI	Configuration Item
CMDB	Configuration Management Database
CMS	Configuration Management System
COPE	Corporate Owned – Personally Enabled
CRM	Customer Relationship Management
CSI	Continual Service Improvement
CSS	Cascading Style Sheets
EMM	Enterprise Mobility Management
GPS	Global Positioning System
GSM	Global System for Mobile Communications
IDE	Integrated Development Environment
IoT	Internet of Things
ITIL	IT Infrastructure Library
ITSM	IT Service Management
LTE	Long Term Evolution
MAM	Mobile Application Management
MCM	Mobile Content Management
MDM	Mobile Device Management
MIM	Mobile Information Management
MSM	Mobile Security Management
OS	Operation System
OTA	Over the Air

PIM	Personal Information Manager
RAM	Random Access Memory
RIM	Research in Motion
SaaS	Software as a Service
SACM	Service Asset Configuration Management
SDK	Software Development Kit
VPN	Virtual Private Network

1 Einleitung

Seit Steve Jobs sich 2007 entschieden hat, das erste iPhone vorzustellen, sind mobile Endgeräte aus dem Leben von Menschen nicht mehr wegzudenken. Auf der Suche nach diversen Informationen kann auf das Smartphone fast nicht mehr verzichtet werden. Da die vielseitigen Anwendungsmöglichkeiten von mobilen Endgeräten fast keine Wünsche mehr offen lassen, passt sich der Menschen der Entwicklung der mobilen Endgeräte an.

Der Trend zu BYOD greift um sich. Immer mehr Mitarbeiter möchten ihre privaten mobilen Endgeräte auch geschäftlich nutzen können. Der Wunsch nach Flexibilität ist relativ einfach nachzuvollziehen. Die Vernetzung und die Globalisierung machen es heute nahezu unmöglich, nicht auf die schnellen Veränderungen in unserer Umwelt zu reagieren.

In der heutigen Wirtschaft ist es notwendig, Innovationen als Erster umzusetzen, um sich Wettbewerbsvorteile zu verschaffen und auf dem Markt führend zu sein.

Dem Wunsch der Mitarbeiter, eine simultane Umgebung gegenüber dem Desktoparbeitsplatz mit mobilen Endgeräten im Unternehmen zu ermöglichen, sollte nachgegangen werden.

Alle Prozesse und Einrichtungen eines Unternehmens, die dem Zweck dienen, mobile Endgeräte in die Geschäftsprozesse einzubinden, fasst man unter dem Begriff mobile IT-Infrastruktur zusammen. Mobile Device Management kann für die Planung, Installation, den Betrieb sowie die Überwachung einer solchen mobilen Infrastruktur verwendet werden.

MDM-Systeme werden jedoch noch lange nicht von allen Unternehmen eingesetzt. Es werden aber zunehmend mehr, da dies unmittelbar mit dem Aufschwung des Trends zu BYOD und dem Aufbau von mobilen Infrastrukturen zusammenhängt.

Mit dieser Arbeit soll aufgezeigt werden, wie komplex die Einführung einer solchen mobilen Infrastruktur sein kann. Denn diese Fragen stellen sich heute vermehrt Unternehmen. Grösstenteils nutzen deren Mitarbeiter bereits mobile Endgeräte privat und beruflich. Jedoch sind die meisten mobilen Endgeräte nicht vollständig in die IT-Strukturen der Unternehmen integriert, egal, ob es sich um private oder geschäftliche Endgeräte handelt.

Der Untertitel dieser Arbeit wurde durch Absprache mit dem Experten angepasst.

2 Problemstellung

Notebooks stellen noch typische mobile Infrastrukturen eins Unternehmens dar. Jedoch sind viele der heutigen mobile Endgeräte als Verbraucherendgeräte konzipiert worden und dementsprechend nicht auf das Verwalten mit einer MDM-Lösung ausgelegt entwickelt worden.

Durch das weltweite Aufkommen des High-Speed-Internets wird den Unternehmen die Möglichkeit der jederzeitigen, weltweiten (Anywhere, Anytime) Erreichbarkeit eröffnet. Sowohl grosse als auch kleinere Unternehmen nutzen das Potenzial zur Expansion ins Ausland, wodurch Geschäftsreisen von Mitarbeitern unerlässlich werden. Dies wird durch den Einsatz von mobilen Endgeräten mit dem Internet Service wie 3G/4G gewährleistet. Vor einigen Jahren war dies noch kaum vorstellbar, heute jedoch nicht mehr aus dem täglichen Geschäftsleben wegzudenken. Viele Arbeitgeber stellen deshalb ihren Mitarbeitern ein Firmengerät zur Verfügung, um den Zugriff auf Firmendaten zu gewährleisten. Doch das Benutzen von mehreren Smartphones ist für viele Arbeitnehmer lästig oder erschwert die Arbeit sogar zusätzlich. Es ist durchaus denkbar, dass ein Mitarbeiter privat ein iPhone besitzt und zusätzlich ein Android Endgerät zur Anwendung am Arbeitsplatz zugewiesen bekommt.

Hier kommt es zu zusätzlichen Kosten beziehungsweise zu Mehraufwänden, da sich nicht jeder mit den unterschiedlichen Betriebssystemen auskennt. Daraus entspringt der Trend des Bring Your Own Device (BYOD). Viele Unternehmen erlauben es den Mitarbeitern, private Endgeräte wie Smartphones oder Tablets am Arbeitsplatz für Firmenzwecke zu nutzen. Dies führt sowohl zur steigenden Zufriedenheit der Mitarbeiter als auch zu einer Steigerung der Produktivität, sodass eine Win-Win Situation für Mitarbeiter und Arbeitgeber entsteht.

Trotz der Vorteile, die sich aus diesem Trend ergeben, eröffnen sich auch Probleme. Insbesondere der Sicherheitsaspekt scheint hierbei gefährdet zu sein. Aufgrund der hohen Komplexität der unterschiedlichen Betriebssysteme wie Google Android, Apple iOS, Blackberry usw. verliert die IT die Übersicht über die Steuerung der mobilen Endgeräte. Im Falle eines Diebstahls, Verlusts oder eines Malware-Angriffs wären die Firmendaten nicht mehr gesichert. Sie könnten an unbefugte Dritte gelangen und potenziellen Schaden anrichten. Des Weiteren rücken auch rechtliche Fragen in den Vordergrund, auf welche im Verlaufe dieser Arbeit eingegangen werden.

Wenn ein potenzielles Risiko nicht eingedämmt werden kann, sind die Chancen, die BYOD mit sich bringt, wertlos. Die IT hat deshalb eine Strategie zu wählen, die es ihr erlaubt, die Vorteile zu nutzen, ohne dabei die Sicherheit von privaten wie auch von Firmendaten zu gefährden.

Gemäss Statista wird geschätzt, dass die Benutzer von Smartphones bis Ende 2018 weltweit auf etwa 2,6 Milliarden wachsen werden. Die Prognose sieht bis Ende 2019 einen Anstieg auf 2,78 Milliarden vor, bis Ende 2021 auf 3,08 Milliarden Nutzer (Abbildung 1).

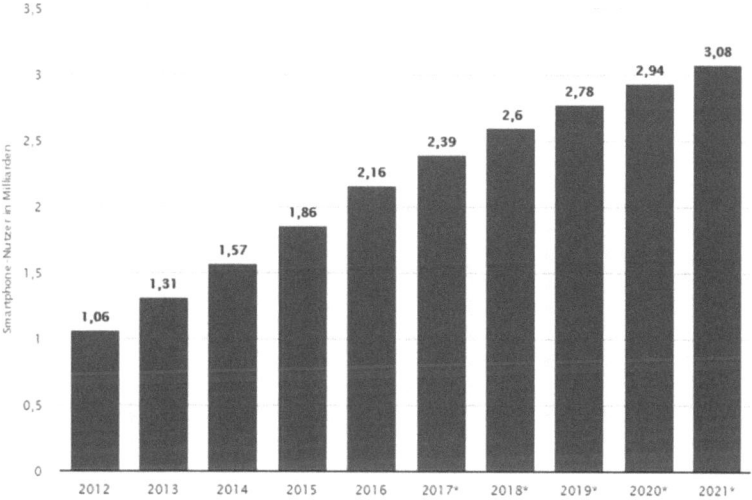

Abbildung 1 Prognose zur Anzahl der Smartphone-Nutzer weltweit von 2012 bis 2021 (Quelle: Statista)

In der Schweiz haben mittlerweile 90 % der Bevölkerung ein Smartphone und 53 % ein Tablet (Abbildung 2).

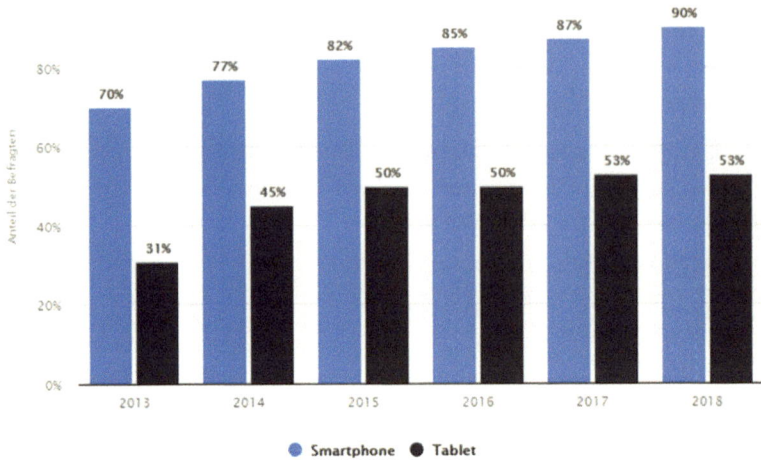

Abbildung 2 Anteil der Besitzer von Smartphones bzw. Tablets in der Schweiz in den Jahren von 2013 bis 2018 (Quelle: Statista)

3 Ziele der Arbeit

Die Arbeit gegliedert sich in zwei Abschnitte. Zunächst werden in dieser Arbeit die Grundlagen des Mobile Computing und des Mobile Device Management aufgezeigt.

Im zweiten Abschnitt werden alle Blickwinkel von Mobile Device Management analysiert und mit dem klassischen Device Management verglichen. Dabei soll dargelegt werden, inwiefern sich Mobile Device Management vom klassischen Device Management unterscheidet.

Es wird dargelegt, welche Aspekte bei der Integration in eine überwiegend ITIL dominierte Infrastruktur beachtet werden sollte, welche MDM Software auf dem Markt ist und wie diese optimal zur Unterstützung gewählt werden kann. Zuletzt werden die Ergebnisse zusammenfassend dargestellt und mit einer Schlussfolgerung abgeschlossen.

Im wirtschaftlichen Teil wird erläutert, welche zwei Ansätze verwendet werden können und durch einen TCO (Total Cost of Ownership)-Vergleich werden sie gegenübergestellt.

Diese Arbeit soll dazu dienen, ein Überblick über die Komplexität zu vermitteln, welches eine Einführung einer mobilen Infrastruktur mit sich bringt.

4 Grundlagen des Mobile Computing

Bei Mobile Computing ist nichts neu, dennoch wurde es in der Vergangenheit nicht richtig wahrgenommen. Mobile Computing als Begriff bezeichnet die Nutzung von mobilen Endgeräten wie z. B. einem Taschenrechner zum Ausführen eines Computerprogrammes.

Wenn man «gemäss Lischka bedenkt, dass der erste Taschenrechner bereits 1976 bei Texas Instruments entwickelt wurde und dieser lediglich 1,5kg wog, war er für damalige Verhältnisse wirklich leicht. Jedoch ist der Taschenrechner heute mehr oder weniger nur noch Geschichte».

Spätestens nachdem Apple mit dem iPhone die Mobile-Branche umgekrempelt hat, ist Mobile Computing wieder in das Bewusstsein der Menschen gerückt. Vor allem, weil Apple das geschafft hat, woran viele andere Branchenriesen gescheitert sind, nämlich die einfache Vernetzung von mobilen Endgeräten. Heutzutage ist das Internet überall, wo man es braucht – einerseits durch die Einfachheit der Mobiltelefonsteuerung, andererseits durch die Verbreitung mobiler Datennetze.

Diese Revolution von Apple machte es notwendig, Endgeräte neu zu kategorisieren, um eine Abgrenzung zum Beispiel gegenüber dem Taschenrechner oder klassischen Mobiltelefonen zu erhalten. Deshalb sollte eine Analyse der Klassifizierungsmerkmale durchgeführt werden.

Für nahezu alle Menschen ist es heute kaum noch vorstellbar, einen Tag ohne ihr mobiles Endgerät zu sein. Aber was hat das mit Mobile Device Management zu tun? Mitarbeiter erwarten heute, auf jedem Endgerät arbeiten zu können, egal, ob Sie sich im Zug oder auf Geschäftsreise befinden.

«Gemäss einer Studie von (Forbes Insights und VMware) arbeiten heute mehr als 60 % der Mitarbeitenden mobil. Der mobile Arbeitsstil mit dem Smartphone oder Tablet verändert Organisationen und Abläufe und nimmt Einfluss auf die IT.»

4.1 Klassifizierung mobiler Endgeräte

Ein Notebook ist per Definition eigentlich ein tragbares Endgerät, das theoretisch überall eingesetzt werden kann. Dennoch fehlen einem Notebook wichtige Merkmale, um wirklich mobil zu sein. Gemäss Scholz (2014) sind die Merkmale von Mobilität folgende:

- Lokalisierbarkeit
- Ortsunabhängig
- Erreichbarkeit

Dementsprechend stellte Heike Scholz folgende Matrix auf:

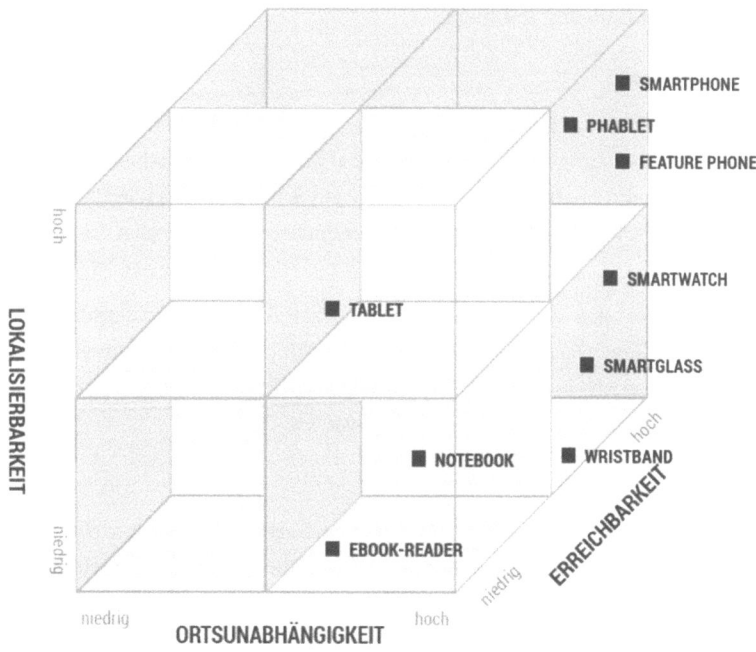

Abbildung 3 Würfelmatrix der drei Mobilitätskriterien (Quelle: Heike Scholz)

Es zeigt sich, dass es lediglich 3 Device-Typen in die hinteren oberen Quadranten geschafft haben (Abbildung 3). Diese drei Typen erfüllen die Merkmale, um als mobiles Endgerät zu gelten. Das Tablet verliert in dieser Matrix aufgrund des Kriteriums Erreichbarkeit an Bedeutung, da es normalerweise keine eigene SIM-Karte hat und deshalb via Hotspot mit dem Mobile Telefon oder über das WLAN ins Internet kommuniziert. Das gilt auch für das Notebook, das wie das Tablet das Kriterium Erreichbarkeit, aber auch die Lokalisierbarkeit nicht erfüllt, um als mobiles Endgerät zu gelten. Dennoch werden das Tablet und das Notebook in diese Arbeit mit einbezogen, da viele Mitarbeiter ihre privaten Tablets wie auch ihre privaten Notebooks verwenden möchten, um auf Firmendaten zu zugreifen.

4.2 Definition

Um ein Verständnis zur Definition der verschiedenen mobilen Endgeräte zu erhalten, die durch eine MDM verwaltet werden können, sowie der Erkenntnis durch die in (Abbildung 3) der Matrix entstanden Klassifizierung (Lokalisierbarkeit, Ortsunabhängigkeit und Erreichbarkeit), kann nun erläutert werden was genau ein solches mobiles Endgerät definiert.

4.2.1 Notebook

«Gemäss Pierer (2016 S.31) handelt es sich bei einem Notebook, welche bezüglich technischer Leistungen mit einem Personal Computer verglichen werden kann. Es handelt sich um ein kompaktes Endgerät mit Komponenten wie Display, Tastatur, Lautsprecher, Touchpads sowie unterschiedlichsten Anschlüssen für Peripheriegeräte.»

Notebooks können demnach als vollständiger Arbeitsplatzcomputer verwendet werden. Im Gegensatz zu herkömmlichen Desktop-PCs sind sie um einiges leichter und somit auch portabler. Die gängigsten Betriebssysteme sind Microsoft Windows, Apple OSX oder ein Linux Derivat wie Ubuntu.

4.2.2 Tablet

«Gemäss Pierer (2016, S.32) Ist ein Tablet ein leichter Computer, welcher über eine virtuelle oder mechanische Tastatur verfügt. Die mechanische Tastatur ist selten fest verbaut, in den meisten Fällen ist dies abnehmbar. Tablets werden wie Smartphones, zum Betrachten von Videos oder zum Steuern von Endgeräten eingesetzt.»

Tablets können wie Smartphones oder Phablets durch zusätzliche Applikationen erweitert werden. Die gängigsten Betriebssysteme sind Apple iOS, Google Android sowie Microsoft Windows Phone.

4.2.3 Phablet

«Gemäss Pierer (2016, S.33) Das Phablet ist eine Wortschöpfung aus Phone und Tablet. Es ist also ein Endgerät zwischen einem Smartphone und einem Tablet. Von beiden Endgeräten werden die besten Funktionen kombiniert.»

Ein Phablet wird auch Smartlet genannt und ist ein besonders grosses Smartphone. Es kann alles, was ein Smartphone auch kann. Die Applikationen sind in der Regel hochskalierte Smartphone Applikationen. Meistens können Phablets über Eingabestifte angesprochen werden.

4.2.4 Smartphone

«Gemäss Pierer (2016, S.35) Smartphones sind Mobiltelefone mit erweitertem Funktionsumfang. Dazu zählen neben der Telefonie und SMS üblicherweise Zusatzdienste wie Internet, E-Mail sowie Aufnahmen und Wiedergabe audiovisueller Inhalte.»

Auf Smartphones laufen gegenüber herkömmlichen Mobiltelefonen komplexe Betriebssysteme wie Google Android, Apple iOS, Blackberry oder Symbian. Die Möglichkeit, weitere Applikationen durch den Endnutzer zu installieren, verschafft einem Smartphone einen erweiterbaren und individualisierbaren Funktionsumfang. Bei Smartphones handelt es sich um immer leistungsfähigere kleine tragbare Computer.

4.2.5 Feature Phone

«Gemäss Pierer (2016, S.36) Ein Feature Phone ist eigentlich nichts anderes als ein klassisches Mobiltelefon wie. Es leistet zwar weniger als ein Smartphone, jedoch kann es mehr als nur Telefonieren.»

Der grösste Unterschied gegenüber einem Smartphone ist das Fehlen des Touchscreens und die Tatsache, dass es nicht unter einem verbreiteten Betriebssystem wie Google Android oder Apple iOS läuft. Somit können auf Feature Phones auch keine Apps installiert oder ausgeführt werden. Feature Phones können nicht von einem MDM System verwaltet werden.

4.3 Betriebssysteme für mobile Endgeräte

Ein Betriebssystem hat im Grunde zwei Funktionen, die auf die verbaute Hardware des jeweiligen Endgerätes angepasst und im Flashspeicher fest verankert werden. Eine Aufgabe ist es, dem Anwendungsprogrammierer eine saubere Abstraktion der Betriebsmittel zur Verfügung zu stellen, die andere Aufgabe besteht darin, die Hardwareressourcen optimal zu verwalten.

Das Betriebssystem wird entweder komplett neu entwickelt oder stammt aus einer bereits bestehenden Bibliothek.

Wie (Abbildung 4) zu entnehmen ist, sind ausser Google Android und Apple iOS mehr oder weniger alle anderen Betriebssysteme wie Microsoft Windows Phone, Blackberry etc. nicht mehr auf dem Markt zu finden.

4.3.1 Apple iOS

iOS ist ein von der Firma Apple entwickeltes mobiles Betriebssystem, das nur auf Smartphones und Tablets der Firma Apple lauffähig ist. Apple iOS ist ein macOS-Derivat und basiert auf Darwin und wurde bereits 1986 entwickelt. Darwin ist ein freies Unix Betriebssystem, auf dessen Basis macOS entwickelt wurde.

Die Entwicklung des Apple iOS begann bereits 2005. Damals bestand das Ziel darin, einen Tablet Computer zu entwickeln, was von Steve Jobs jedoch abgelehnt wurde. Dabei wurde entschieden, dass ein Telefon entwickelt werden soll, dass unter dem Namen «Project Purple» lief und später als iPhone bekanntwurde. Diese Entwicklung übernahm Scott Forstall, der damalige Leiter des macOS.

Das ursprüngliche Apple iOS Betriebssystem wurde am 9. Januar 2007 zusammen mit dem iPhone auf der MAC World-Konferenz vorgestellt. Im März des darauf folgenden Jahres veröffentlichte Apple das SDK für iOS, das jedermann die Möglichkeit eröffnete, eigene Apps für iOS zu entwickeln. Die damit entwickelten Apps lassen sich jedoch ausschliesslich mit iOS betreiben und können auf dem ebenfalls gleichzeitig eingeführten App Store veröffentlicht werden.

4.3.2 Google Android

Android wurde ursprünglich auf Basis von Linux vom gleichnamigen Unternehmen in Palo Alto entwickelt, das Andy Rubin im Herbst 2003 gründete. Google kaufte diese Firma im Jahr 2005 auf. Neben dem für Telefone optimierten Android veröffentlich Google auch andere angepasste Version von Android, zum Beispiel für Fernsehgeräte, Autos oder Smartwatches.

Das ursprüngliche Android wurde von Google und der Open Handset Alliance (OHA) weiterentwickelt. Die OHA ist ein Zusammenschluss von über 30 Hardware- , Software- und Telekommunikationsunternehmen, zu dem unter anderem Samsung, Intel, Broadcom Motorola oder Texas Instruments gehören.

Android hat gemäss (Abbildung 4) in den letzten Jahren die mobile Welt erobert, weshalb Android das weitverbreitetste Betriebssystem für mobile Endgeräte und für BYOD mitverantwortlich ist. Das wiederum hat die Entwicklung von MDM-Systemen vorangetrieben. Nicht zuletzt, weil Android ein offenes Betriebssystem ist und deshalb auch missbräuchliche verwendet werden kann (mehr dazu im Kapitel 11).

Grundlagen des Mobile Computing

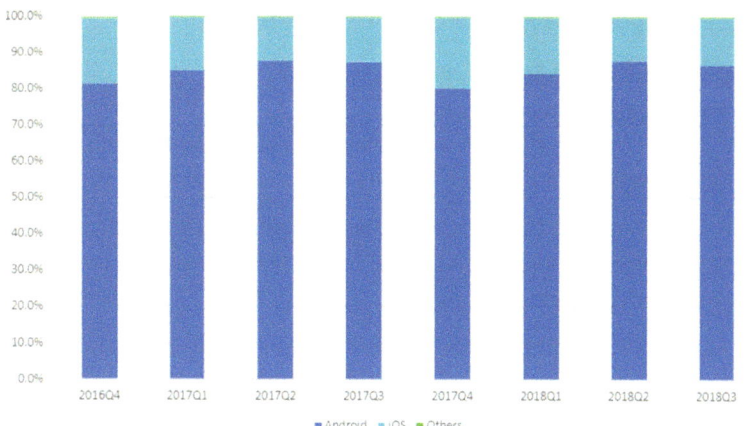

Quarter	2016Q4	2017Q1	2017Q2	2017Q3	2017Q4	2018Q1	2018Q2	2018Q3
Android	81,4%	85,0%	88,0%	87,6%	80,3%	84,3%	87,8%	86,8%
iOS	18,2%	14,7%	11,8%	12,4%	19,6%	15,7%	12,1%	13,2%
Others	0,4%	0,2%	0,2%	0,1%	0,1%	0,0%	0,1%	0,0%
TOTAL	100,0%	100,0%	100,0%	100,0%	100,0%	100,0%	100,0%	100,0%

Abbildung 4 Weltweite Betriebssystemübersicht mobiler Endgeräte (Quelle: IDC)

5 Grundlagen des Mobile Device Management

Anfangs war die mobile Welt noch klein. Es gab RIM (Research in Motion) und Blackberry für Unternehmen sowie Apple und Android für Privatanwender. Dennoch: Diese Grenze von damals existiert bereits lange nicht mehr. Das liegt einerseits daran, dass es RIM verpasst hat, wie Nokia auf einige Tendenzen zu reagieren.

Als Beispiel verpasste es RIM, einen eigenen Marktplatz für Applikationen zu etablieren und andererseits, dass das seinerzeit als hoch sicher und stabil propagierte RIM-Netzwerk gar nicht so stabil war.

Die Konkurrenz von RIM hat im Businessbereich stark aufgeholt. Denn ein Smartphone ist für viele Benutzer zu einem Statussymbol geworden.

Diese Umstände und der Fakt, dass die meisten Benutzer im Hinblick auf Smartphones markentreu sind, macht die mobile IT-Landschaft sehr vielseitig und zu einer Herausforderung.

Dennoch, viele Unternehmen glauben, dass mobile Endgeräte effiziente Werkzeuge sind und dass sie eine genauso bedeutende Veränderung mit sich bringen wie damals das Internet.

Demzufolge suchen IT-Abteilungen natürlich einfache und kostendeckende Lösungen für die Verwaltung mobiler Endgeräte.

Um auf die Vor- bzw. Nachteile verschiedenen Mobile Device Management Ansätze eingehen zu können, ist es notwendig, die verwendeten Begrifflichkeiten zu erläutern. Nachfolgend werden die Grundlagen erläutert, um die Verständlichkeit sowie die Nachvollziehbarkeit sicherzustellen.

«Gemäss Klett (2012. S.103) Umfasst der Begriff Mobile Device Management die Verwaltung und Überwachung der mobilen Infrastruktur eines Unternehmens.»

Grundsätzlich soll ein MDM System die mobilen Endgeräte, welche in einem Unternehmen eingesetzt werden, verwalten, überwachen, konfigurieren und gegeben falls mit Software und Updates versorgt werden. MDM dient somit als eine Schnittstelle der mobilen Endgeräte zum Unternehmensnetzwerk.

5.1 Mobile Device Management (MDM)

Mobile Device Management (MDM) ist eine Art Sicherheitssoftware, die von einer IT-Abteilung verwendet wird, um die mobilen Endgeräte von Mitarbeitern zu überwachen, zu verwalten und zu sichern. Die Verwaltungssoftware für mobile

Endgeräte wird oft mit zusätzlichen Sicherheitsdiensten und -tools wie dem Mobile Applikation Management (MAM) kombiniert, um eine komplette Lösung für das mobile Endgerät und die Sicherheit von Enterprise Mobility Management zu schaffen.

Wie in (Abbildung 2) dargestellt, hat heute fast jede in der Schweiz wohnhafte Person ein Smartphone oder ein Tablet. Wenn diese mobilen Endgeräte jedoch nicht nur privat, sondern auch für die Arbeit genutzt werden, muss ein Unternehmen dafür sorgen, dass die Daten ausreichend geschützt werden. Mittels Verschlüsselung und Passwortabfrage können die Daten vor Fremdzugriff geschützt werden. Bei Bedarf können Dateien, Software Updates, Patches und Konfigurationseinstellungen auf allen oder einzelnen mobilen Endgeräten bereitgestellt werden. Diese Vorgänge können somit überwacht und bei Bedarf kann eingeschritten werden.

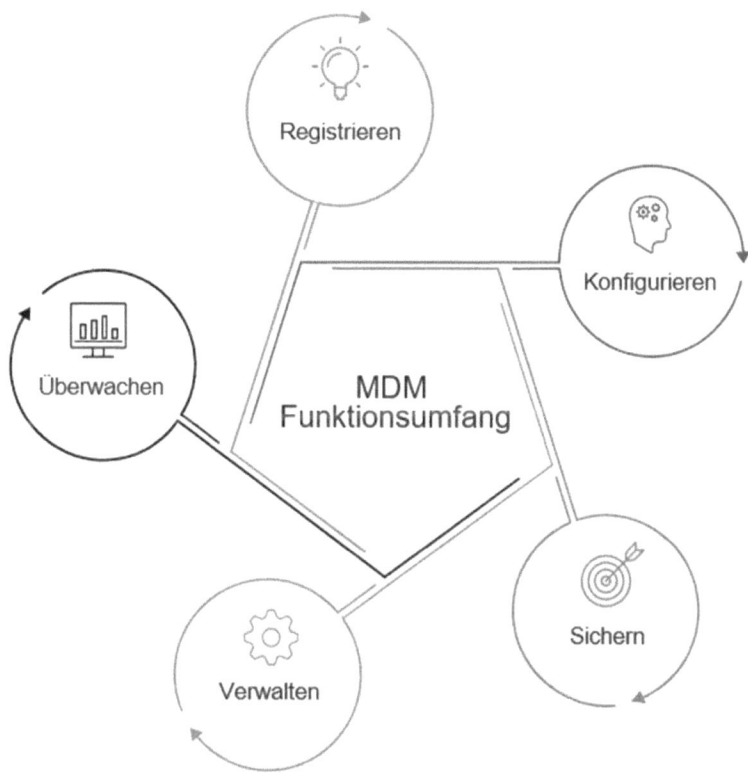

Abbildung 5 MDM-Funktionsumfang (Quelle: Autor)

Dennoch: MDM ist an sich kein umfassender Schutz vor allen Bedrohungen, die unter anderem durch das Internet entstanden sind. Um eine wirksame Strategie für ein Unternehmen zu entwickeln, ist es unabdingbar, sich auch Gedanken über Mobile Applikation Management (MAM), Mobile Informationen Management (MIM), Mobile Security Management (MSM) und Mobile Content Management (MCM) zu machen, was unter dem Überbegriff Enterprise Mobile Management (EMM) zusammengefasst werden kann.

5.2 Mobile Applikation Management (MAM)

Mobile Applikation Management (MAM) ist der Begriff, der verwendet wird, um die Sicherung von Anwendungen anstelle der des gesamten Endgeräts zu beschreiben. MAM bietet Funktionen zur Einschränkung einzelner Anwendungen, anstatt das gesamte Endgerät zu löschen oder zu sperren.

MAM kann mit oder ohne MDM implementiert werden. Obwohl die meisten MDM-Anbieter MAM in ihr MDM implementieren, sind auch unabhängige MAM-Services verfügbar. Die meisten Mitarbeiter mögen MAM in MDM-Funktion nicht, denn wenn ein Mitarbeiter sein mobiles Endgerät verloren hat, können Unternehmen seine privaten Daten vollständig löschen, womit auch alle persönlichen Daten gelöscht werden.

Ein von MDM unabhängiger MAM-Service kann nur bestimmte Anwendungen löschen und nicht zum Löschen des gesamten Endgeräts verwendet werden. Daher ist es notwendig, dass MDM-Tools zwei Arten von Optionen besitzen, um ein mobiles Endgerät zu löschen.

- Vollständiges Löschen.
- Nur Unternehmensdaten löschen.

5.3 Mobile Information Management (MIM)

Beim Mobile Information Management (MIM) handelt es sich um eine Sicherheitsstrategie, die endgeräteunabhängig sensible Daten verschlüsselt und nur Anwendungen den Zugriff sowie die Übertragung ermöglicht, die zugelassen werden.

Trotz seines Versprechens steht das mobile Informationsmanagement auf dem Markt für Enterprise Mobility Management (EMM) vor erheblichen Hindernissen. Die Haupthindernisse liegen in der Integration. MIM Anbieter müssen Standards oder Partnerschaften mit Herstellern und Entwicklern eingehen, damit die Endgeräte und Anwendungen die auf Daten aufgebrachten Schutzmassnahmen lesen und verarbeiten können.

MIM wird in Sicherheitsdiskussionen in Verbindung mit dem Mobile Device Management (MDM) und dem Mobile Applikation Management (MAM) oft erwähnt. MDM konzentriert sich auf die Registrierung, Bereitstellung und Verwaltung mobiler Endgeräte, während MAM sich auf die Bereitstellung, Lizenzierung, Konfiguration, Wartung, Richtliniendurchsetzung und Nutzungskontrolle von Software konzentriert.

5.4 Mobile Security Management (MSM)

Mobile Security Management (MSM) ist der Begriff, der verwendet wird, um ein mobiles Endgerät vor Datenverstössen zu schützen. MSM beinhalten das Erkennen eines nicht konformen mobilen Endgerätes (nachdem das Endgerät in einem MDM registriert wurde). Ein Endgerät, das die Richtlinie nicht einhält oder gestohlen wurde, kann gelöscht oder in seiner Nutzung eingeschränkt werden.

Auch besteht die Möglichkeit eines Black- oder Whitelisting von mobilen Applikationen. Passwortbasierte Richtlinien können festgelegt werden, um den unbefugten Zugriff einzuschränken. In diesen Richtlinien werden unter anderem die minimale sowie maximale Passwortlänge definiert. Ebenso wird definiert, wie oft ein Passwort falsch eingegeben werden darf und wie komplex so ein Passwort zu sein hat.

5.5 Mobile Content Management (MCM)

Mit Mobile Content Management (MCM) können Dokumente und andere Daten sicher an den mobilen Endgeräten der Mitarbeiter eines Unternehmens gesendet werden.

Wie MAM kann auch MCM unabhängig von MDM implementiert werden. MCM bietet Sicherheit durch die Verschlüsselung von Daten und die Möglichkeit, dass die Unternehmensdaten nur von den Mitarbeitern eingesehen werden können. Jedem Mitarbeiter können Passwörter zur Verfügung gestellt werden, mit denen die

Dokumente geöffnet werden können. Auch die ortsbezogene Bereitstellung von Inhalten ist möglich. Einige Vorteile von MCM sind nachfolgend aufgeführt:

- Echtzeitzugriff auf die neuesten Inhalte
- Sichern vertrauliche Dokumente ohne Datenverlust
- Verbessert die Produktivität der Mitarbeiter
- Reduzierung der Papier- und Druckkosten

5.6 Enterprise Mobile Management (EMM)

Enterprise Mobility Management (EMM) beinhaltet diverse Tools, Technologien, Prozesse und Richtlinien, die zur Verwaltung mobiler Endgeräte innerhalb eines Unternehmens eingesetzt werden können. EMM ist ein sich entwickelnder organisatorischer Trend, der sich sowohl mit dem geschäftlichen als auch dem technologischen Kontext des zunehmenden Trends der Nutzung von mobilen Endgeräten im täglichen Betrieb befasst.

EMM konzentriert sich hauptsächlich auf die Unternehmensführung, Sicherheit, das Management und die Kontrolle von mobilen Endgeräten. EMM umfasst Prozesse und Richtlinien über alle mobilen Endgeräte hinweg, die einen Anteil an Geschäftsprozessen wie Smartphones oder Tablet haben. Der Aufgabenbereich von EMM konzentriert sich in der Regel auf Sicherheit, Applikationsintegration und Applikationsmanagement sowie die finanziellen Auswirkungen solcher Lösungen.

So müssen beispielsweise die Richtlinie eines Unternehmens sicherstellen, dass die Unternehmensapplikationen integriert und von mobilen Endgeräten genutzt werden können, während gleichzeitig sichere Zugriffsmechanismen bereitgestellt und gewährleistet werden müssen. Darüber hinaus muss ein Unternehmen die finanziellen Kosten für die Bereitstellung solcher Lösungen für BYOD und COPE Endgeräte kontrollieren und verwalten.

Da immer mehr Organisationen EMM einführen, haben die Anbieter von MDM-Systemen begonnen, die oben genannten Funktionen wie MAM, MSM und MCM in ihre MDM-Produkte einfliessen lassen.

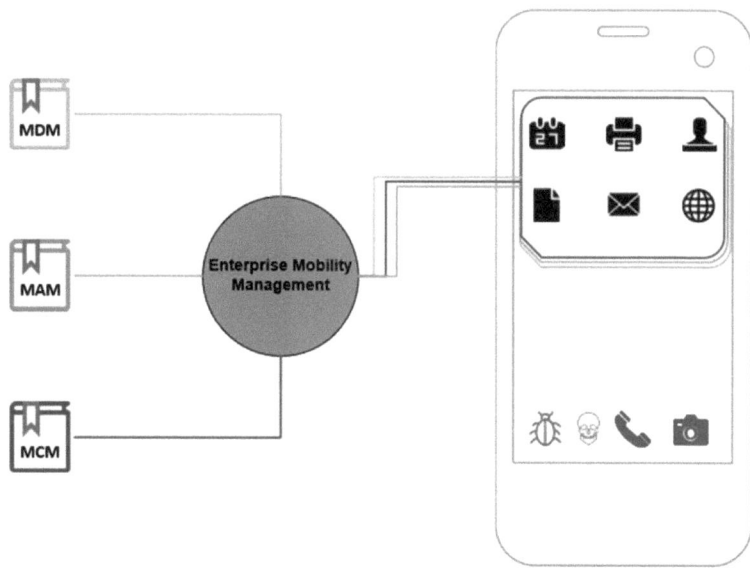

Abbildung 6 Darstellung von EMM und dessen Funktionsumfang (Quelle: Auto)

6 Differenzen zwischen mobilen und herkömmlichen IT-Infrastrukturen

Um einen Eindruck davon zu vermitteln, worin die Differenzen zwischen mobilen und herkömmlichen IT-Infrastrukturarten bestehen, werden in diesem Kapitel deren Auswirkungen auf die Betriebsprozesse dargelegt.

6.1 Ausrichtung IT

Herkömmliche IT-Infrastrukturen gliedern sich überwiegend in die beiden Bereiche Anwendungsentwicklung und Betrieb. Ihre Beziehungen zwischen der IT-Organisation und den Geschäftsbereichen sind häufig so gestaltet, dass diese Bereiche meist ihre eigenen Kommunikationskanäle zu den Auftraggebern betreiben. Änderungen an einer Applikation werden zwischen Kunden und Applikationsentwickler getroffen und diese im Anschluss mit dem Betrieb geklärt. Dieses Vorgehen birgt aber Risiken.

«Gemäss Klett (2015, S 65) Anforderungen, die den späteren problemlosen Betrieb einer Anwendung gewährleisten, werden bei Entwicklungen nur unzureichend berücksichtigt. Neue oder geänderte Anwendungen werden teils unkoordiniert ausgerollt, ohne dass der IT-Betrieb vorab Tests auf Verträglichkeit und reibungslose Integration vornehmen konnte.»

Bei der Umsetzung nach ITIL wird versucht, durch die Einrichtung eines IT-Servicemanagements Risiken zu mildern. ITSM hat die Aufgabe, zwischen Betrieb, IT-Organisation und Anwendern zu vermitteln.

Ganz anders stellt sich die Situation in mobilen Infrastrukturen dar. Die Applikationen werden vorwiegend aus einem App Store bezogen. Selten werden Applikationen in einem Unternehmen selber erstellt. ITSM hat bei mobilen Infrastrukturen zusätzlich die Aufgabe, zusammen mit dem IT-Betrieb Apps aus dem App Store auszuwählen, die am effizientesten den Anforderungen und Rahmenbedingungen des Unternehmens entsprechen.

Ein weiteres Thema bei mobilen Infrastrukturen sind die Cloud Services. Die auf dem Internet basierenden Services bieten hinsichtlich ihrer Flexibilität und geringen Kosten einige Vorteile. In mobilen Infrastrukturen stellt Cloud Computing einen wesentlichen Anteil der Infrastruktur dar. Cloud Computing unterscheidet sich bezüglich des Speicherplatzes und der Lokalität signifikant von herkömmlichen IT-Infrastrukturen. Die physischen Grenzen wie bauliche Gegebenheiten oder

Netzwerkübergänge, die zum Schutz der Unternehmensdaten dienten, sind in der Cloud nicht mehr vorhanden.

6.2 Netze und aktive Komponenten

Der hauptsächliche Unterschied zwischen drahtloser und drahtgebundener Kommunikation ist die höhere Anfälligkeit auf Störungen bei drahtlosen Kommunikationsmitteln. Das liegt zum einen daran, dass Möglichkeiten einer Abschirmung gegen Störquellen fehlen. Zum anderen daran, dass die Signale durch Reflexionen und Streuungen mehrfach und zu unterschiedlichen Zeiten am mobilen Endgerät ankommen. Bei Sprachübertragungen kann sich das unangenehm bemerkbar machen, wenn man zum Beispiel lange Verzögerungen hat oder ein Echo hört.

Ein anderer Unterschied ist ganz klar der Datendurchsatz bei mobilen Endgeräten. Bei drahtlosen Netzen teilen sich viele mobile Endgeräte das gleiche Medium. Auch ist es relative einfach, drahtlose Netze abzuhören, da die ganze Kommunikation Drahtlos stattfindet, was eine Verschlüsselung der Daten erfordert.

Gerade diese Übertragungen benötigen sehr viel elektrische Energie, was bei Smartphones wegen der häufig fest eingebauten Akkus problematisch ist.

Dennoch haben drahtlose Netzwerke auch ihre Vorteile. Unter anderem fallen die Kosten für die Netzwerkverkabelung weg. Oder es ist überhaupt schwigrig, Netzwerkkabel in einem Gebäude zu verlegen – zum Beispiel aufgrund des Denkmalschutzes.

6.3 Energiemanagement

Wie bereits in (Kapitel 6.2) kurz erwähnt, sind mobile Endgeräte vor allem von der Leistung der verbauten Batterie abhängig. Aufgrund ihrer flachen Bauweise und aus Kostengründen ist die Batterie meistens fest mit dem Endgerät verbaut. Ein einfacher Austausch der Batterie ist somit nicht möglich. Die grössten Energiekonsumenten bei mobilen Endgeräten sind neben der Bildschirmbeleuchtung auch die drahtlosen Kommunikationsmittel wie WLAN, 4 G, NFC etc.

Deswegen ist in die mobilen Endgeräte eine komplette Deaktivierung der Sende- bzw. der Empfangseinrichtung implementiert, wenn diese nicht benötigt werden. Dieses Verfahren spart zwar Energie ein, aber in diesem Sleep Mode können so natürlich auch keine Datenpakete von aussen empfangen werden. Ein mobiles Endgerät sollte also immer wieder mal aufgeweckt werden, um bereitgestellte

Datenpakete abzuholen. Dies kann ähnlich wie beim Beacon Modus (Leuchtfeuer) im WLAN mit einer Art Ping geschehen, sodass mobile Endgeräte in geordneter Art und Weise ihre Kommunikation herstellen und aufrechterhalten können.

Zum Zeitpunkt dieses Leuchtfeuers wechseln alle schlafenden Endgeräte in den Wachmodus. Zusätzlich zu diesem Ping erhalten alle mobilen Endgeräte die Information, mit wem sie sich zu verbinden haben, um die zwischengespeicherten Datenpakete abzuholen. Natürlich ist es notwendig, dass die mobilen Endgeräte solange im Wachmodus verbleiben, bis alle Datenpakete empfangen sowie verarbeitet sind.

Der Nachteil dieser Technik besteht darin, dass der Energiekonsum wieder ansteigt, da der Sleep Mode unterbrochen wird und dass es nach Beginn der Beacon Periode zu einem hohen Datenverkehrsaufkommen im Netz kommen kann.

6.4 Verwaltung

Im Gegensatz zu stationären Computern im LAN bewegen sich mobile Endgeräte im Mobilfunknetz oder einem unternehmensfremden WLAN hinter einer Firewall und sind daher von einem Management Server nicht direkt erreichbar. Daher geht der Verbindungsaufbau immer vom mobilen Endgerät zum Server aus.

Da sich mobile Endgeräte nicht ortsgebunden sind, können sie nicht auf die herkömmliche Weise verwaltet werden. Es besteht lediglich die Möglichkeit der so genannten Over the Air (OTA)-Administration. Die dafür verwendeten Mobile Device Management Server stehen entweder im Unternehmen selbst oder werden über einen Cloud Service als SaaS angemietet. Der MDM Server muss jedoch immer im Internet erreichbar sein.

Damit ein Mobile Device Managementsystem überhaupt mit einem mobilen Endgerät kommunizieren kann, muss dieses zunächst registriert werden. Dabei werden Informationen wie Endgerätetyp, Seriennummer, IMEI Nummer etc. über das Endgerät registriert.

Dennoch muss ein Administrator auch noch Daten erfassen, so z.B., ob es sich um ein privates Endgerät handelt oder eines, das dem Unternehmen gehört. Auch definiert ein Administrator alle Befehle für die mobilen Endgeräte wie z.B. das Installieren bzw. Deinstallieren von Applikationen oder Profilen für die Verwendung von WLAN oder Exchange.

Ein Administrator versucht, diese Befehle für alle Endgerätetypen einheitlich zu gestalten. Jedoch bieten die Endgerätehersteller keine einheitliche Steuerung der Endgeräte an. Diese fallen sehr unterschiedlich aus.

Bei der Installation einer Applikation muss bei Apple iOS z.B. immer vom Benutzer des jeweiligen Endgerätes bestätigt werden, dass dieser diese Applikation auch wirklich installiert haben möchte. Eine Deinstallation von Applikationen ist nur möglich, wenn diese Applikation in einem mobilen Device Managementsystem registriert ist. Applikationen, die ein Benutzer selbst installiert, können nicht entfernt werden.

Bei Android-Systemen ist immer eine Bestätigung des Benutzers des jeweiligen Endgerätes notwendig, um eine Applikation zu installieren. Dies gilt auch für die Deinstallation.

6.5 Incident und Problemmanagement

Ein Incident ist in mobilen Infrastrukturen beispielsweise ein Endgerät, das nicht in die mobile Infrastruktur aufgenommen werden kann, da es möglicherweise gerootet oder jailbroken ist. Gemeint sein kann auch eine Applikation, die sich nicht auf einem Endgerät installieren bzw. deinstallieren lässt. Beide Fälle sind nicht businesskritisch und es kann auch so gearbeitet werden.

Voraussetzung für ein Problem ist das Vorliegen einer schweren Störung (Major Incident), die nicht in kurzer Zeit beseitigt werden kann und somit Auswirkungen auf die Weiterführung von wichtigen Geschäftsprozessen hat. Bei mobilen Infrastrukturen wäre das z.B. der Verlust des mobilen Endgerätes eines Entscheidungsträgers, der sich möglicherweise gerade im Ausland aufhält und keine Freigabe erteilen kann, um ein Projekt weiterzuführen.

In vielen Unternehmen ist der Service Desk die zentrale Anlaufstelle für alle Anfragen bezüglich der IT-Organisationen. Bei mobilen Infrastrukturen kommen nun zusätzlich noch Meldungen über den Verlust oder Defekt von mobilen Endgeräten hinzu. Sind auf einem mobilen Endgerät, das verloren bzw. gestohlen wurde, unternehmenskritische Daten abgespeichert, gilt es auf solche Anfragen so schnell als möglich zu reagieren. Es muss daher in klare Prozessdefinitionen, Tools und Trainings investiert werden.

Es obliegt der Beurteilung des Incident Managers, ob durch die Delegation der Störung an das Problemmanagement das übergeordnete Ziel der schnellstmöglichen Lösung durch eine zeitintensivere Ursachenanalyse letztlich schneller erreicht wird.

6.6 Business Continuity und Notfallplanung

Bei Business Continuity handelt es sich in erster Linie um zeitkritische Geschäftsprozesse bzw. IT-Anwendungen eines Unternehmens. Es ist davon auszugehen, dass Ausfälle in der Abwicklung von Unternehmensprozessen zu katastrophalen Schäden für ein Unternehmen führen.

Das Ermitteln von Kritikalität und das Ziehen von Schlussfolgerungen geschieht auf der Basis von Tabellenkalkulationen, in die Einschätzungen über Schadenshöhe, verschiedene Schadenskategorien sowie Ausfallzeiten und Wiederherstellungszeiten einfliessen.

In Unternehmen sind Anpassungen kontinuierlich erforderlich, sei es wegen neuer Sicherheitsrisiken oder Anpassungen an Technologien. In mobilen Infrastrukturen wird sich dies nicht anders verhalten. Die Sicherheitspolice – z.B. neue Schlüssel für die Datenverschlüsselung oder Zugangscodes ins interne Netzwerk – verändert sich hier ständig und muss jeweils neu ausgerollt werden. Je nach Dringlichkeit kann es vorkommen, dass Teilprozesse des MDM selbst unter Zeitdruck stehen und somit als zeitkritisch anzusehen sind.

Solche Überlegungen führen zu der Erkenntnis, dass das Mobile Device Management einen ganz normalen Unternehmensprozess darstellt, der in das BCM aufgenommen werden sollte. Somit sollte das ganzheitliche Mobile Device Management in der Business Impact Analysis (BIA) berücksichtigt und mit einer eigenen Kontinuitätsstrategie behandelt werden.

6.7 Audits

Audits dienen dazu, einen Abgleich von Vorschriften wie Gesetzen, Verträgen, Konzepten etc. mit der Realität durchzuführen. Dabei wird zwischen Managementaudits und technischen Audits unterschieden. Dies gilt sowohl für klassische Infrastrukturen als auch für mobile Infrastrukturen.

Bei einem Managementaudit wird überprüft, ob die Managementprozesse entsprechend der Vorgaben durchgeführt werden, welche Abweichungen bestehen und ob Schwächen in der Umsetzung und Durchführung festzustellen sind. Bei einem Audit werden Dokumente verwendet, die den jeweils zu prüfenden Prozess beschreiben sowie Aufzeichnungen, die diese Umsetzung belegen.

Mit einem technischen Audit wird geprüft, ob die technischen Vorgaben korrekt umgesetzt werden und auch wirksam sind. Gegeben falls müssen die aufgezeigten Schwachstellen korrigiert werden. Technische Vorgaben können sehr unterschiedlich sein. Es kann sich z.b. um einen Regelsatz in einer Firewall handeln oder um Sicherheitsvorgaben für mobile Endgeräte.

Mobile Infrastrukturaudits unterscheiden sich von klassischen Infrastrukturaudits im Wesentlichen nur durch Interpretations- sowie Aufwandsprobleme. Den Vorgaben und Standards sind meistens auf die klassische Infrastruktur ausgelegt und formuliert worden. Eine Übertragung auf mobile Infrastrukturen und dazugehörige Managementprozesse benötigen demnach eine geeignete Interpretation. Dabei ist darauf zu achten, dass man nicht falsch interpretiert oder Anforderungen gar komplett ausser Acht lässt, weil sie nicht anwendbar sind. Dazu kommen im Rahmen einer mobilen Infrastruktur diverse neue Prozesse im Managementaudit wie zum Beispiel Sicherheit und Verschlüsselung.

Abgesehen von diesen Aufwandsproblemen unterscheiden sich Managementaudits in mobilen Infrastrukturen grundsätzlich nicht von klassischen Infrastrukturen.

7 MDM und ITIL

Bei ITIL steht nicht der operative Teil einer IT im Vordergrund, sondern ein IT-Management, serviceorientiert ist. Das bedeutet, dass ITIL nicht die technischen Aspekte eines mobilen Endgerätes in den Vordergrund rückt, sondern vielmehr die gesamte IT. Das Verwalten von mobilen Endgeräten ist jedoch eine technische Disziplin.

Der Servicegedanke ist bei ITIL die zentrale Betrachtungsweise. Das heisst z.B., dass ein Kunde normalerweise nicht im Detail versteht, wie die IT in einem Unternehmen funktioniert, sondern lediglich, dass sie funktioniert.

Um eine IT auf diesen Servicegedanken auszurichten, definiert ITIL drei operationale Prozesse, die sich an einer Strategie orientieren und durch einen kontinuierlichen Prozess verbessert werden. Um dies zu veranschaulichen, wurde durch ITIL ein Lifecycle definiert (Abbildung 7).

Abbildung 7 Darstellung des nach ITIL definierten Lifecycle (Quelle: Anderson, B.)

7.1 Servicestrategie

«Gemäss Kleiner (2016 S. 25) Die Service Strategie definiert eine Strategie für die Bereitstellung von Services für Kunden.»

Die Servicestrategie ist somit der Mittelpunkt des Lifecycles und der Ausgangspunkt für das Servicedesign – Transition und -Operation. Die Servicestrategie regelt die Definition des Leistungsangebotes und die Bereitstellung sowie betriebswirtschaftliche Steuerung von IT-Services.

7.2 Service Design

«Gemäss Kleiner (2016 S. 28) ist der Service Design die gestalterische Begleitung des Lebenszyklus von IT Services von der initialen Spezifikation bzw. Änderungen und Verbesserungen bis zum umsetzungsreifen robusten Design unter Berücksichtigung der Geschäftsanforderungen, Kapazität, Verfügbarkeit, Sicherheit und Kontinuität der Zurverfügungstellung.»

Service Design beschreibt also die Phase der Zieldefinition in Vorgaben und Vorlagen, wie sie in der Service Strategie definiert wurden, um anschliessend als Serviceportfolio zusammengefasst zu werden.

7.3 Service Transition

«Gemäss Kleiner (2016 S. 27) beschreibt Service Transition den Übergang von der Servicedefinition in das Unternehmensumfeld. Ebenso wird in der Service-Transition-Phase des Service-Lifecycles sichergestellt, dass Änderungen an Services und Service Management-Prozessen koordiniert abgewickelt werden.»

Service Transition hat somit das Ziel, IT-Services aufzubauen und auszurollen. Ebenso wird in der Service Transition-Phase der Service Lifecycles sichergestellt. Änderungen an Services und Service Management Prozessen sollen koordiniert abgewickelt werden. Dabei werden auch Themen wie Unternehmensstruktur sowie Wissens- und Risikomanagement betrachtet.

7.4 Service Operation

«Gemäss Kleiner (2016 S 28) stellt das Service Operation sicher, dass die IT Services effektiv und effizient erbracht werden. Die Service Operation Phase beinhaltet die Erfüllung von Anwender Anfragen und Erarbeitung von Problemlösungen ebenso wie die Erbringung von Betriebsaufgaben im laufenden Tagesgeschäft.»

Service Operation hat somit das Ziel, sich mit dem eigentlichen operativen Geschäft einer Unternehmens-IT zu beschäftigen und somit die effektive und effiziente Lieferung von Services für die Kunden zu gewährleisten.

7.5 Kontinuierliche Serviceverbesserung (CSI)

«Gemäss Kleiner (2016 S. 29) setzt CSI Methoden des Qualitätsmanagements ein, um aus Erfolgen und Misserfolgen der Vergangenheit zu lernen. Die CSI-Phase im ITIL Service-Lifecycle zielt darauf ab, die Effektivität und Effizienz von IT-Prozessen und -Services fortlaufend zu verbessern, in Übereinstimmung mit dem in ISO 20000 geforderten Konzept der kontinuierlichen Verbesserung.»

7.6 Mobile Endgeräte in ITIL

Betrachtet man – abgesehen von den operativen Aufgaben – das Mobile Device Management aus strategischer Perspektive, findet man die Aufgaben von ITIL vor allem in der Service Transition Phase wieder. In dieser Phase wird mit dem Service Asset und Configuration Management (SACM) ein Vorgehen beschrieben, das alle Vermögenswerte und Konfigurationen beschreibt und dokumentiert. Hierfür wird ein logisches Modell entworfen, das die gesamten infrastrukturrelevanten Daten in Form von so genannten Configuration Items (CIs) bereithält.

Da CIs ein Hauptbestandteil von ITIL ist, ist eine Integration von MDM kein allzu problematisches Unterfangen. Voraussetzung dafür ist natürlich, dass die IT Abteilung in einem Unternehmen bereits nach ITIL ausgerichtet ist. Mithilfe von CIs können auch mobile Endgeräte sowie deren Applikationen und Services beschrieben werden.

Ein CI wird durch eindeutige Attribute beschrieben, wobei bei den Endgeräten, die bereits in der Inventarisierung erfassten sind dessen Daten angewendet werden können.

- Eindeutige Identifikationsnummer
- Telefonnummer
- Endgerätetyp
- Betriebssystem
- Benutzer
- Installierte Applikationen

Im Gegensatz zu den mobilen Endgeräten können bei Applikationen die Attribute nicht aus der Inventarisierung gewonnen werden, sondern müssen manuell gepflegt werden.

- Name
- Beschreibung
- Benötigtes Betriebssystem
- Kosten

Da sich die Services, die für mobile Endgeräte angeboten werden sollen, sich kaum von den klassischen Service CI unterscheiden, muss bei den Services keine Auflistung von Attributen erfolgen, sondern die Services an sich sollten für mobile Endgeräte beschrieben werden.

- Inbetriebnahme eines neuen mobilen Endgerätes
- Mit diesem Service könnte beschrieben werden, wie ein neues Endgerät in die Infrastruktur eines Unternehmens integriert werden soll. Auch sollte mit diesem Service beschrieben werden, wie ein Mitarbeiter zu informieren ist, wenn das ihm zugewiesene Endgerät bereitgestellt wurde.
- Wipen eines mobilen Endgerätes
- Mit diesem Server würde beschrieben werden, wie und wann ein Endgerät remote gelöscht werden darf, und worauf dabei geachtet werden sollte. Speziell darauf zu achten ist jedoch, ob es sich um ein Corporate Owned oder ein privates Endgerät handelt.
- Applikationsanfrage für neue Applikationen
- Dieser Service würde beschreiben, wie ein Mitarbeiter eine neue Applikation anfordern kann. Dabei wird dargestellt, wie das Vorgehen und das Testen einer solchen Applikation vonstattengeht und wie diese Applikation danach auf dem Marktplatz zur Verfügung gestellt wird.

MDM und ITIL

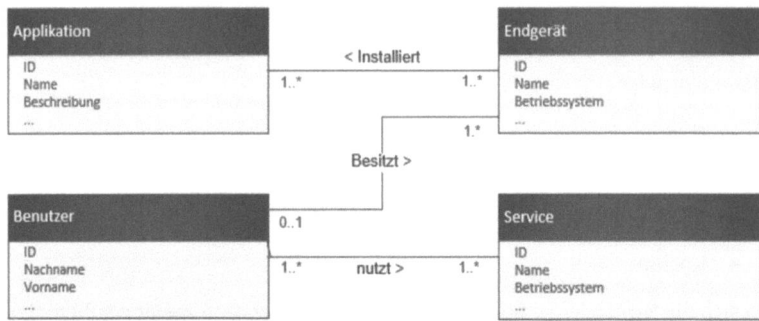

8 UML Darstellung der Relationen von CIs nach ITIL (Quelle: Autor)

Wenn man sich (Abbildung 8) anschaut, auf der die CIs mit ihren Attributen darstellt werden, würde man diese Grafik folgendermassen lesen.

Die Benutzer nutzen einen oder mehrere Services. Der Benutzer besitzt ein oder mehrere Endgeräte und diese Endgeräte haben eine oder mehrere Applikationen installiert. Jedoch sind Applikationen auf einem oder mehreren Endgeräten installiert. Ein Endgerät hat keinen oder einen Benutzer und jeder Service hat einen oder mehrere Benutzer.

Gut erkennbar ist dabei, dass die einzelnen CIs untereinander in Abhängigkeit stehen. (Abbildung 8) stellt diese Abhängigkeiten in einem Entity Relationship-Modell dar. Diese Art von Diagramm wird auch zur Datenbankmodellierung genutzt und beschreibt die Abhängigkeiten von Datensätzen.

Mobile Endgeräte sollten demnach in einer zentralen Configuration Management Database (Abbildung 8) integriert werden. Dies wird erreicht, indem alle relevanten Attribute in dieser CMDB abgespeichert werden.

CMDB-Datenbanken sind keine eigenständigen Datenbanken. Es handelt sich dabei um logische Datenbanken (Abbildung 9), die Daten aus mehreren unterstützenden Datenbanken wie Softwareverteilung, Unternehmensapplikationen oder einem Asset Tool integrieren und am Schluss für eine oder mehrere Zielgruppen zur Darstellung aggregieren.

MDM und ITIL

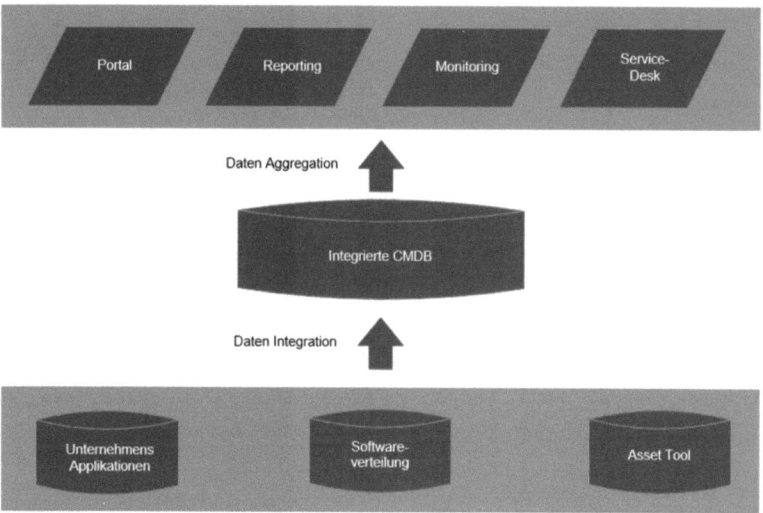

Abbildung 9 Darstellung einer CMDB mit Datenquellen und Ausgabetools (Quelle: Autor)

7.6.1 Die ITSM-Perspektive

Die Kombination von Mobile Device Management und ITSM macht es einem Unternehmen möglich, seine mobilen Sicherheitsrichtlinien einfach dem allgemeinen Sicherheitsansatz anzupassen und ein unternehmensweites Sicherheitsprotokoll für mobile Endgeräte durchzusetzen. Noch wichtiger ist, dass eine integrierte Lösung eine vollständige Kontrolle über die Endgeräte ermöglicht – einschliesslich der Durchsetzung von Passwörtern, der Möglichkeit, das Endgerät bei Verlust oder Diebstahl aus der Ferne zu sperren oder zu löschen, und der Möglichkeit, WLAN- und E-Mail-Konfigurationen aus der Ferne einzustellen.

Eine integrierte Lösung erlaubt zudem eine verbesserte Transparenz und Kontrolle über alle mobilen und nicht mobilen Assets an einem zentralen Ort. Das bedeutet, dass alle mobilen Endgeräte einschliesslich Smartphones und Tablets nebeneinander mit PCs, Laptops, Druckern usw. angezeigt werden können. Auf diese Weise können IT-Administratoren sicherstellen, dass alle im Netzwerk betriebenen mobilen Endgeräte ordnungsgemäss inventarisiert, gesichert und vollständig mit den Unternehmensrichtlinien kompatibel sind.

7.6.2 Die MDM-Perspektive

Ein wichtiger Vorteil von Mobile Device Management Systemen ist, dass sie den direkten Zugriff auf vollständige, aktuelle Benutzerdatensätze ermöglichen. Dies hat zur Folge, dass im Gegensatz zu eigenständigen MDM-Plattformen integrierte MDM-Lösungen keine eigene Benutzerverwaltung erfordern.

Darüber hinaus ermöglichen integrierte Systeme es IT-Managern die erforderlichen operativen Kontrollen über mobile Endgeräte an die technischen Support Teams zu delegieren. Eigenständige Lösungen hingegen erfordern den Einsatz von externen Dashboards und Kontrollen der Benutzeroberfläche. Schliesslich ermöglicht die enge Integration mit dem ITSM-System vorprogrammierte Überwachungsfunktionen, anstatt sie von Grund auf neu zu erstellen. Dies führt letztendlich zu einer einfacheren Verfolgung der mobilen Endgeräte innerhalb des Unternehmens sowie zu einer einfacheren Berichtserstellung.

Durch die Implementierung einer integrierten MDM-ITSM-Lösung sparen sich Unternehmen den Kauf und die Wartung separater Hardware und Lizenzen. Darüber hinaus ist die Einrichtung einer eigenständigen MDM-Lösung, On Premise oder SaaS ein grosses Projekt, das die Vorbereitung der Infrastruktur umfasst, zum Beispiel Aspekte der Netzwerkkommunikation, Datenbankinstallation, Backup, Integration der Benutzerverwaltung etc.

Eine Lösung, die sowohl MDM als auch ITSM mit integrierten Berechtigungsebenen und anderen Funktionen umfasst, vereinfacht den Prozess zwischen den Teams, indem sie die Transparenz gewährleistet. Letztendlich ist es dem Management möglich, alle mit der IT arbeitenden Fachleute besser zu integrieren und eine bessere Arbeitsumgebung zu schaffen.

Schliesslich bedeutet der Einsatz eines einheitlichen Systems aus finanzieller Sicht, dass das Unternehmen in der Lage sein wird, alle IT-bezogenen Kosten in einem einzigen Aufwand zu konsolidieren. Eine einzige schlüsselfertige Lösung, die alle Anforderungen der Abteilung erfüllt, reduziert auch die Kosten und den Zeitaufwand für die Verwaltung und Querverweise auf getrennte Management Dashboards und die Zusammenarbeit mit mehreren Anbietern. Wenn die MDM-Funktionen in ein System integriert werden, das dem Benutzer bereits vertraut ist, ist es nicht erforderlich, ein weiteres neues System zu erlernen.

Das Thema MDM wird nach wie vor heiss diskutiert. Während einige behaupten, dass MDM am Leben und gut ist, fragen andere, wie MDM mit der sich entwickelnden Technologie Schritt halten wird. Ein drittes Argument ist, dass, während traditionelles MDM passé ist, integrierte MDM-Lösungen erfolgreich und wichtiger denn je sind. Die entscheidendere Frage, die sich die Branche stellen sollte, ist jedoch, wie sie das Beste aus MDM herausholen können und welche Schritte unternommen werden müssen, um einen effektiveren Ansatz für MDM zu entwickeln.

Die IT-Abteilung wird von der Integration von MDM in ihre IT-Service-Management-Plattformen erheblich profitieren. Eine ganzheitliche, integrierte Lösung hilft nicht nur, Redundanzen zu vermeiden, sondern ermöglicht auch ein besseres Ressourcenmanagement, um eine effektivere und effizientere IT-Abteilung zu betreiben.

8 Konzept für Mobile Device Management

Durch die konstant wachsende IT-Affinität der Mitarbeiter kommen Trends wie BYOD heute in nahezu jedem Unternehmen zur Sprache. Immer mehr Mitarbeiter beschäftigen sich privat mit PCs oder mobilen Endgeräten und erarbeiten sich selbst eine Vorstellung davon, wie ihrer Meinung nach eine IT zu funktionieren hat. Dieser Umstand wird auch Consumeration der IT genannt. Dieser Ausdruck bedeutet nicht nur, dass der Mitarbeiter sich der IT nähert, sondern auch das Gegenteil. Die IT sollte auch dem Mitarbeiter entgegenkommen.

8.1 Bring your own Device

Mit BYOD wird das Konzept beschrieben, mit dem private mobile Endgeräte in die Unternehmensinfrastruktur implementiert werden sollen. Die Mitarbeiter erhalten mit ihren privaten mobilen Endgeräten Zugriff auf die Ressourcen eines Unternehmens. Diese Endgeräte werden weiterhin privat, aber auch für berufliche Zwecke eingesetzt.

«Gemäss Heldmann (2014, S 104) Die Prävalenz von BYOD nimmt zu, da die Menschen zunehmend ihre eigenen High-End-Mobilcomputer besitzen und sich mehr und mehr an eine bestimmte Art von Endgeräten oder mobilem Betriebssystem binden. BYOD kann unter dem Radar auftreten oder Teil einer bestimmten Unternehmensrichtlinie werden, in der sich ein Unternehmen verpflichtet, persönliche mobile Endgeräte zu unterstützen oder gar Mitarbeitern einen Bonus zum Kauf eines Endgeräts gewähren.»

Der Mitarbeiter bringt also sein eigenes mobiles Endgerät mit zur Arbeit. Somit spart sich der Arbeitgeber die Anschaffungskosten sowie die Schulungskosten, da sich ein Mitarbeiter in der Regel mit seinem eigenen Endgerät sehr gut auskennt. Diese Umstände machen das BYOD-Konzept eigentlich zu einem guten Konzept, allerdings entsteht bei BYOD eine sehr heterogene IT-Landschaft, da es verschiedenen Gruppen von Mitarbeitern gibt, die unterschiedliche Endgeräte bevorzugen. Manche verwenden ein iOS-, andere ein Android-Endgerät. Dies kann zu Inkompatibilitätsschwierigkeiten führen, die fast nur durch offene Standards zwischen den Endgeräten beseitigt werden können.

Bei den Office-Anwendungen zeigt sich das relativ gut, denn viele Hersteller unterstützen nur proprietäre Dokumenttypen, die nicht auf anderen Endgeräten geöffnet werden können.

8.2 Corporate Owned Personally Enabled

Eine entgegengesetzte Konzeption zu BYOD ist das Corporate Owned Personally Enabled (COPE)-Konzept. Hier werden den Mitarbeiter mobile Endgeräte von einem Unternehmen zur Verfügung gestellt. Ein Mitarbeiter darf dieses Endgerät auch privat nutzen, ist jedoch bis zu einem gewissen Grad für die Einrichtung und den Betrieb des Endgerätes selbst verantwortlich.

Unternehmen können IT-Produkte meist zu einem viel besseren Preis beziehen als Privatpersonen. Somit könnte das Konzept COPE für Unternehmen günstiger ausfallen

Obwohl das Unternehmen technisch Eigentümer der Endgeräte und für die monatlichen Nutzungskosten verantwortlich ist, steht es den Mitarbeitern frei, sie ausserhalb der Arbeitszeit zu nutzen.

Das COPE-Konzept kann die Aktivitäten zur Verwaltung mobiler Endgeräte und zur Verwaltung mobiler Anwendungen eines Unternehmens erleichtern und dem Unternehmen mehr Möglichkeiten zum technischen und rechtlichen Schutz der Daten des Unternehmens geben. Da das Unternehmen Eigentümer der Telefonnummer ist, hat es auch die Möglichkeit auszuwählen, mit welchen Anbietern es zusammenarbeiten soll und welche Endgerätemodelle sowie Datenpläne bereitgestellt werden.

«Gemäss Heldmann (2014, S 116) Unternehmen, die eine COPE-Strategie anwenden, können ihren Mitarbeitern IT-Endgeräte und Gadgets zur Verfügung stellen, aber das Unternehmen behält das Eigentum an diesen Endgeräten und kann ihre Aktivitäten oft in grösserem Umfang überwachen und steuern. Neben geschäftlichen Zwecken können Mitarbeiter ihre Endgeräte für persönliche Aktivitäten wie den Zugriff auf soziale Seiten, E-Mails, Anrufe usw. nutzen. Ausserdem kann COPE eine kostengünstigere Option als BYOD sein, bei der den Mitarbeitern oft der gesamte oder ein Teil der Kosten für die von ihnen gekauften Endgeräte erstattet wird. Dies liegt daran, dass, wenn das Unternehmen Endgeräte kauft, kann es sie in der Regel für weniger als den Verkaufspreis bekommen. COPE gibt dem Unternehmen auch mehr Macht in Bezug auf die Kontrolle und den Schutz von Endgeräten und reduziert so einen Teil des Risikos, das mit BYOD verbunden ist.»

8.3 Take it or leave it

Bei diesem Konzept handelt es sich wohl um das radikalste Konzept. Take it or leave it sagt nichts anderes aus als: Nimm, was das Unternehmen dir gibt oder verzichte komplett auf eine Mobilität seitens des Unternehmens.

Das birgt natürlich enorme Vorteile, z.b. würde die Heterogenität verhindern, welches zu Inkompatibilitäten führen könnte und vereinfacht darüber hinaus die Administration. Denn die Administratoren könnten sich mit der tiefe der Materie befassen und nicht in die breite von mobilen Endgeräten.

Dennoch können aber die Vorteile. die z.b. ein BYOD mit sich bringt, nicht genutzt werden. Die Mitarbeiter müssen für die Nutzung des zur Verfügung gestellten Endgerätes geschult werden. Oder wie üblich entsteht Unzufriedenheit, da der Mitarbeiter sein bevorzugtes Betriebssystem oder Endgerät nicht nutzen darf.

Deshalb laufen Unternehmen Gefahr, dass viele Mitarbeiter auf das ihnen aufgezwungene mobile Endgerät verzichten. Da viele Unternehmen jedoch vor allem in der Nutzung von mobilen Endgeräten eine Produktivitätssteigerung sehen, würde eine freie Wahl des Endgerätes, das der Mitarbeiter auch privat nutzen kann, die Akzeptanz verbessern.

8.4 Vergleich der Konzepte

Da die oben aufgeführten Konzepte nicht unterschiedlicher sein könnten, werden im folgenden Abschnitt die Vor- bzw. Nachteile der beiden Konzepte näher betrachtet.

Dabei werden drei Kriterien, die eine hohe Relevanz für eine Konzeptentscheidung haben, zu Grunde gelegt. Erstens spielt die Kostenersparnis eine Rolle, da häufig behauptet wird, dass BYOD Kosten einspart, da keine Endgeräte von Unternehmen angeschafft werden müssen. Des Weiteren ist ein Kriterium für diesen Vergleich die Frage nach der Verbraucherfreundlichkeit. Dies ist das wichtigste Kriterium, da der Hauptgedanke von BYOD genau da-rauf abzielt. Abzielt. Dem gegenüber steht das dritte Kriterium – der Wunsch nach Kontrolle und Sicherheit.

Die bereits beschriebenen Vor- bzw. Nachteile der einzelnen Konzepte im Vergleich ergeben mit diesen drei Kriterien folgende (Tabelle 1). Gut zu erkennen ist in der Tabelle, dass Kostenersparnisse weder ein Argument für das eine noch für das andere Konzept sind. Bei BYOD spart man zwar die Anschaffungskosten von eigenen mobilen Endgerät, jedoch sind die Kosten für die Integration und deren Service durch die starke Heterogenisierung hoch.

Etwas besser sieht es bei COPE aus, da Unternehmen die Endgeräte meist zu einem besseren Einkaufspreis erhalten als Privatpersonen. Jedoch auch nur, wenn das Unternehmen die Auswahl der mobilen Endgeräte auf zwei bis drei Endgeräte beschränkt. Dadurch bilden sich ein Synergieeffekt, der sich positiv auf die Service- bzw. Bereitstellungskosten auswirkt. Vielfach verursachen die Anschaffungskosten im Vergleich zu den Integrations- sowie Servicekosten gar keine so hohen Kosten. Daher sind sie eigentlich nicht relevant. Ist das der Fall, ist der Take it or leave it Ansatz der beste.

Wenn das Kriterium Verbraucherfreundlichkeit mit dem Kriterium Kontrolle und Sicherheit verglichen wird, erkennt man schnell die umgekehrte Proportionalität. Nimmt die Verbraucherfreundlichkeit ab, steigen Kontrolle und Sicherheit und umgekehrt. Dieser Umstand ist ein Grund für die Einführung eines COPE-Konzeptes. Denn im Grunde sind Unternehmen bereit, sich in Richtung Verbraucherfreundlichkeit zu öffnen, dennoch wollen sie nicht gänzlich offen gegenüber Angriffen von aussen sein.

Insgesamt kann also festgehalten werden, dass COPE ein Konzept ist, das sich sehr ausgewogen zwischen Sicherheit und Offenheit bewegt. Indem ein Mitarbeiter ein eigenes Endgerät beim Unternehmen erwirbt und dieses auch privat nutzen darf, fühlt sich dieser besser in die Unternehmensstruktur eingebunden.

Die Wahl des passenden Konzeptes ist dennoch stark abhängig von der Art des Unternehmens. Handelt es sich eher um ein konservatives Unternehmen, das in einer sicherheitsbedürftigen Branche tätig ist, wäre das Take or leave it Konzept mit Sicherheit am besten geeignet. Ist das Unternehmen eher kreativ und die Mitarbeiter sind offen für Neues, so kann ein BYOD einige Vorteile mit sich bringen und auch die Produktivität steigern.

Konzeptname	Kosten-er-sparnis	Verbraucher-freund-	Kontrolle und
Bring your own Device	⊖	⊕⊕⊕	⊖⊖⊖
Corporate Owned Personally Enabled	⊕	⊕⊕	⊖
Take it or leave it	⊖	⊖⊖⊖	⊕⊕⊕
⊕⊕⊕ = Sehr gross		⊖⊖⊖ = Sehr gering	

Tabelle 1 Vergleich der MDM-Konzepte (Quelle: Autor)

8.5 Architekturen

Ob Microsoft Intune, Blackberry, Citrix Xen Mobile oder VMware AirWatch – grundsätzlich bieten alle Hersteller die gleichen Architekturen an und greifen auf die gleichen Schnittstellen von iOS, Android oder Windows Mobile zu.

8.5.1 Container-Lösung

Der erste Architekturansatz ist eine Container-Lösung (Abbildung 10) für dienstliche Daten und Apps, die in Form einer Verwaltungsapplikation des jeweiligen MDM Anbieters auf die mobilen Endgeräte installiert werden müssen, z.b. das Company Portal von Microsoft.

Hierbei handelt es sich um eine verschlüsselte Partition in Form eines Daten-Containers, der vom restlichen Endgerät komplett isoliert ist. Mit dieser Architektur können Applikationen oder Schadsoftware nicht mit den Daten in diesem speziellen Bereich des Endgeräts interagieren und sind somit geschützt. Alles ausserhalb dieses Containers bleibt privat und von MDM unangetastet.

Dieser Ansatz sollte immer eingesetzt werden, wenn mobile Endgeräte ein Sicherheitsrisiko für Unternehmensdaten darstellen könnten. Denn das Risiko durch Malware, einen Datenverlust zu erleiden, steigt mit dem Einzug von privaten Endgeräten und die unzureichende Kontrolle der Endgeräte erheblich an.

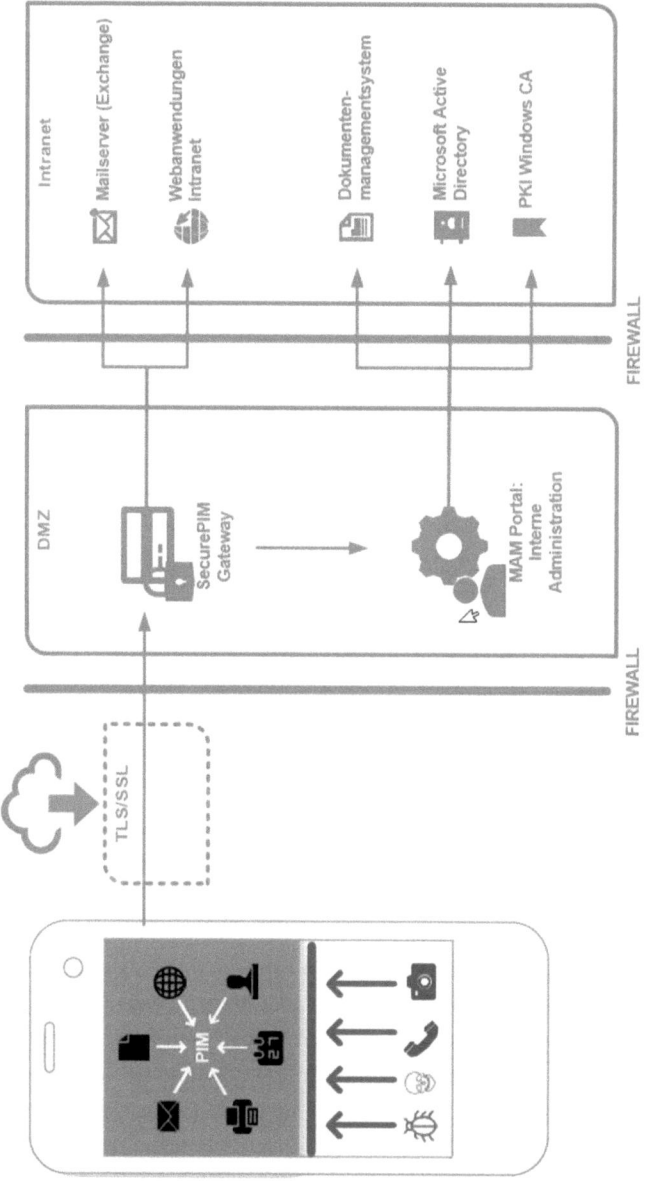

Abbildung 10 Funktionsweise von Apps und Daten auf Containerebene (Quelle: Autor)

Wenn Unternehmensdaten mit einer Container-Lösung komplett vom restlichen Endgerät isoliert werden können, ist das ein klarer Vorteil. Zudem lassen sich bestimmte Funktionen von Applikationen innerhalb dieses Containers deaktivieren.

Wenn ein mobiles Endgerät dennoch verloren geht oder gestohlen werden sollte, kann durch Löschen der MDM-Applikation der gesamte Inhalt dieses Containers gelöscht werden, ohne das private Daten davon betroffen sind.

Zu den weiteren Vorteilen gehört auch, dass Mitarbeiter über sichere Container-Lösungen Dokumente und andere sensible Daten auf die eigenen Endgeräte kopieren können. Das ist wesentlich effizienter und sicherer als der Weg über E-Mails oder gar öffentlichen Cloud-Angebote.

Dennoch hat auch eine Container-Lösung ihre Grenzen, denn sie kann nicht alle Sicherheitsprobleme bei MDM in einem Unternehmen lösen.

Sie kann zwar helfen, ein Unternehmen mit privaten Endgeräten zu verwalten, jedoch können Mitarbeiter oft nicht ihre gewohnten Applikationen aufgrund von Kompatibilitätsproblemen verwenden. Denn nicht jede Applikation ist von Grund auf kompatibel.

Das kann z.B. Auswirkungen auf die Funktionalitäten von Applikationen haben, da der Container vom Rest des Endgerätes abgeschottet ist – man kann nicht mehr auf das Adressbuch oder den Kalender zugreifen. Somit muss der Benutzer zwei getrennte Kalender oder Adressbücher betreiben. Zudem lassen sich nicht alle Applikationen in eine Container-Lösung einbinden. Viele MDM-Hersteller arbeiten deshalb mit den Applikationsentwicklern zusammen, damit es möglich wird, dass diese Applikationen die verschlüsselte Partition betreten können.

8.5.2 Applikation Layer

Ein anderes Architekturkonzept sieht vor, die Unternehmensdaten auf dem Applikation Layer direkt zu schützen (Abbildung 11). Beim so genannten Applikation Wrapping werden unternehmensrelevante Applikationen mit Sicherheitsrichtlinien kombiniert – ist beispielsweise eine Authentifikation des Mitarbeiters notwendig oder sind bestimmte Einstellungen für das Unterdrücken von Kopieren, Einfügen sowie das Unterbinden des Daten Austausch erforderlich, so kann dies mit Wrapping umgesetzt werden. Erst dann werden diese Applikationen dem Mitarbeiter zur Verfügung gestellt. So kann selbst ein unsicheres Smartphone oder Tablet sicher und ohne Container-Lösung mit den Unternehmensdaten arbeiten. Durch die Separierung von privaten- und Unternehmensapplikationen wird auch unter diesem Ansatz sichergestellt, dass nur Firmendaten vom Endgerät entfernt werden können, falls es zu einem Firmenaustritt des Mitarbeiters kommt.

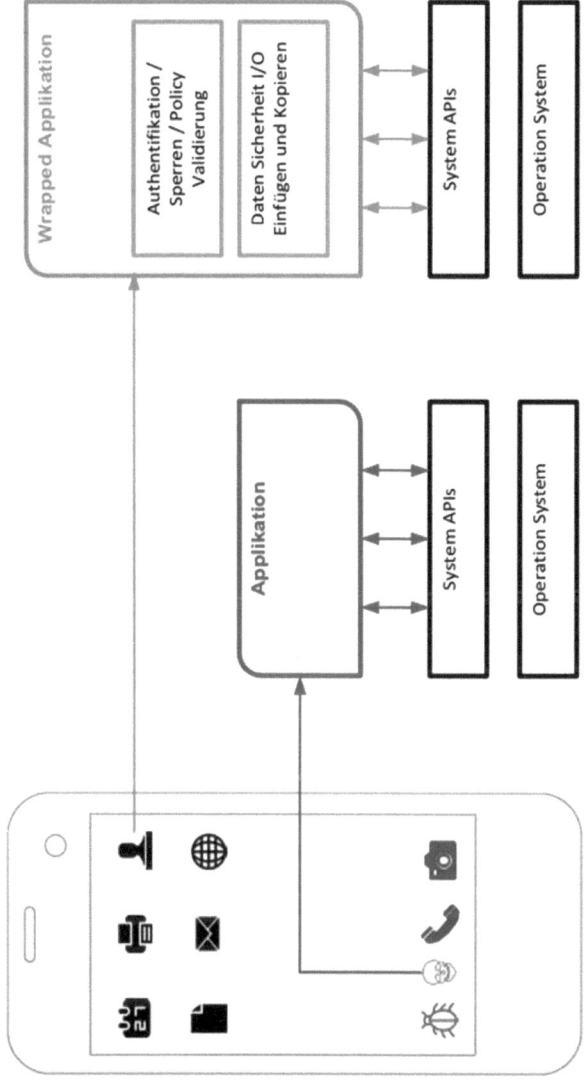

Abbildung 11 Funktionsweise von Apps und Daten auf Applikationsebene (Quelle: Autor)

Die Vorteile liegen vor allem bei der sicheren Authentifizierung, dem Datenschutz und dem sicheren Datentransfer.

Aber auch hier gibt es wiederum Nachteile. Beim Wrappen einer Applikation fügt man alles hinzu, was zur Zusammenarbeit mit der Umgebungsplattform notwendig ist. Im Ergebnis bieten diese Applikationen dann Funktionen, die sie ohne dieses Wrapping nicht enthalten würde.

Nicht jede Applikation erlaubt jedoch dieses Wrapping. Mitarbeiter, die Applikation nutzen wollen die das Wrapping nicht unterstützen, können gegebenenfalls nicht mit den gewohnten bzw. bevorzugten Applikationen arbeiten, um produktiv zu sein.

Der grösste Nachteil besteht beim Applikation Wrapping darin, dass ein Unternehmen den Zugang zu den Applikationspaketen benötigt und somit auch das Recht zum Neuverteilen besitzen muss.

8.6 Marktübersicht

In der Marktübersicht werden 13 verschiedene Lösungen verglichen, welche gemäss Gartner (Abbildung 12) zu den wichtigsten Anbietern von EMM-Lösungen auf dem Markt zählen. Dazu werden die jeweiligen Lösungen in (Tabelle 2) nach deren Merkmalen und dem Endgeräte-Support verglichen, sowie in (Tabelle 3) auf deren Funktionen, denn nicht jede Funktion ist auch für Android oder iOS verfügbar.

Konzept für Mobile Device Management

Abbildung 12 Magic Quadrant für Enterprise Mobility Management Suites (Quelle: Gartner)

Die in der Marktübersicht aufgeführten Hersteller von Mobile Device Management-Lösungen wurden nach ihrer aktuellsten Version der Software zum Zeitpunkt dieser Arbeit bewertet. Abweichungen aufgrund neuer Releases können nicht berücksichtigt werden.

In (Tabelle 2) wird ersichtlich, welche Hersteller von EMM-Lösungen welche Merkmale unterstützen oder implementiert haben.

Vielen Schweizer Unternehmen ist es wichtig, dass es externe Partner für die Umsetzung bzw. für die Einführung einer EMM-Lösung im eigenen Land gibt. Denn in vielen Unternehmen fehlen die Ressourcen oder das Knowhow, um ein solches Projekt intern zu bewältigen.

41

Natürlich sollte eine solche Lösung auch verschiedene Betriebssysteme wie Android, iOS oder Windows Phone unterstützen können. Andererseits kann BYOD auf gar keinen Fall umgesetzt werden. Natürlich spielt das in Unternehmen, die auf COPE setzen und nur ein iOS oder ein Android einsetzten möchten, keine ernsthafte Rolle. Das Problem ist dann einfach, dass sie möglicherweise in Zukunft nicht auf BYOD wechseln können, da die gewählte Software nur iOS unterstützt.

Die Merkmale, welche eine solche Lösung mitbringt, sollten in einer Evaluation auf jeden Fall berücksichtigt werden. Sollte es sich bei einem Unternehmen welches nur COPE Endgeräte einsetzen wird und diese ausschliesslich in der Disposition eingesetzt werden, benötigt die anzustrebende MDM Lösung eher kein MAM. Wenn jedoch ein Unternehmen vor allem Consulting-Dienstleistungen erbringt und BYOD anbietet, ist es wohl eher notwendig, dass die anzustrebende MDM Lösung MAM, MSM sowie MCM integriert hat.

Auch ist der (Tabelle 2) zu entnehmen, ob die Möglichkeit besteht, die Software on Premise zu betreiben, oder diese nur als einen Service aus der Cloud zu beziehen ist. Viele Unternehmen sind bestrebt, ihre Rechenzentren langsam, aber sicher abzubauen und keine weiteren neuen Server zu erwerben. Auch spielt hier sicherlich der Faktor Sicherheit mit, ob ein Unternehmen im eigenen Rechenzentrum, das meistens im Bürogebäude steht, einen Server betreiben möchte oder in der Cloud. Firmeninterne Daten können mit entsprechenden technischen und organisatorischen Sicherheitsmassnahmen an beiden Orten sicher gespeichert und verarbeitet werden. Aber in der Cloud sind sie meist wesentlich sicherer.

Vor allem Unternehmen wie der Finanzsektor oder medizinische Einrichtungen sind gute Kunden von Cloud-Lösungen. Beide gehören zu Unternehmensgruppen mit besonders schützenswerten Daten.

Konzept für Mobile Device Management

Name	Partner: Gibt es einen Partner in der Schweiz	iOS	Android	Andere	On Premise	On Demand	Mobile Device Management	Mobile Applikation Management	Mobile Information Management	Mobile Security Management	Mobile Content Management	Open Source	Kommerziell
Blackberry	⊘	⊘	⊘	⊘	⊘	⊘	⊘	⊘	⊘	⊘	⊘		⊘
Cisco Meraki	⊘	⊘	⊘	⊘		⊘	⊘	⊘	⊘	⊘	⊘		⊘
Citrix Xen Mobile	⊘	⊘	⊘	⊘	⊘	⊘	⊘	⊘	⊘	⊘	⊘		⊘
IBM MaaS360	⊘	⊘	⊘	⊘		⊘	⊘	⊘	⊘		⊘		⊘
Ivanti Avalanche	⊘	⊘	⊘	⊘		⊘	⊘	⊘		⊘	⊘		⊘
Matrix42	⊘	⊘	⊘	⊘		⊘	⊘	⊘	⊘	⊘	⊘		⊘

	Gibt es einen Partner in der Schweiz	iOS	Android	Andere	On Premise	On Demand	Mobile Device Management	Mobile Applikation Management	Mobile Information Management	Mobile Security Management	Mobile Content Management	Open Source	Kommerziell
Microsoft Intune	○	○	○	○		○	○	○	○	○	○		○
MobileIron	○	○	○	○		○	○	○		○	○		○
NationSky	○	○	○			○	○	○		○	○		○
Snow Software	○	○	○			○	○	○			○		○
Sophos Mobile	○	○	○	○	○	○	○	○		○			○
SOTI	○	○	○	○	○	○	○	○		○	○		○
VMware AirWatch	○	○	○		○	○	○	○	○	○	○		○

Tabelle 2 Marktübersicht nach Gartner mit einer Übersicht der Merkmale (Quelle: Autor)

Welche Funktionen wie unterstütz werden können, hängt davon ab, welche Version des Betriebssystems auf dem mobilen Endgerät läuft. Denn Android ist ein quelloffenes Betriebssystem und kann somit von jedem Hersteller von mobilen Endgeräten eigenständig verändert werden. Preisgünstige Hersteller von Endgeräten können hinsichtlich der per Mobile Device Management umsetzbaren Funktionalität böse Überraschungen erleben, auch wenn es sich oberflächlich betrachtet einfach um ein Android-Betriebssystem handelt.

Es gibt unzählige Funktionen, die von Anbietern von EMM-Lösungen zur Verfügung gestellt werden. In (Tabelle 3) wurde versucht, die wichtigsten Funktionen zu nennen, die erwartungsgemäss von allen Herstellern angeboten werden sollten.

Nicht jedes Unternehmen sieht es gerne, wenn ein Mitarbeiter mit dem Smartphone in öffentlichen Hotspots surft oder per Bluetooth Daten mit anderen Endgeräten austauscht. Es ist daher sinnvoll, dass man Bluetooth und WLAN in gewissen Szenarien deaktivieren kann.

Dasselbe gilt für die Kamera. Es ist wichtig, dass die Kamera deaktiviert werden kann, wenn auf Firmendaten zugegriffen wird. Denn abgespeicherte Snapshots können möglicherweise vertrauenswürdige Informationen preisgeben. Es sollte auch möglich sein, die Kamera in einem definierten geografischen Gebiet komplett zu deaktivieren, zum Beispiel trifft das auf die Forschung zu. Forschungsunternehmen sind sicherlich darauf bedacht, ihre Forschung geheim zu halten.

Weiter ist es wichtig, die Konfiguration eines mobilen Endgerätes zentral zu prüfen und zu bewerten. Denn die meisten Unternehmen wünschen keine rootet oder jailbroken Endgeräte in ihren Unternehmens Netzwerk. Es sollte demnach möglich sein herauszubekommen, ob das verwendete mobile Endgerät nicht regelkonform konfiguriert ist und ggf. auszuschliessen. Eindringlinge sollten mit einem Sicherheitsproxy vom Unternehmensnetzwerk ferngehalten bleiben. Bei einer guten MDM-Lösung sollte dies umsetzbar und parametrisierbar sein.

Natürlich sollte ein mobiles Endgerät auch automatisch provisionierbar sein. Nicht nur, weil es dem Administrator und Mitarbeitern eine Menge Arbeit und Zeit erspart, sondern auch, weil damit sichergestellt werden kann, dass sämtliche sich im Unternehmensnetzwerk befindlichen mobile Endgeräte mit den nötigen Rechten, Konfigurationen sowie Applikationen ausgerüstet werden, um die Arbeit der Mitarbeiter nicht zu erschweren.

Zusätzlich wünschen sich vor allem Unternehmen wie Spitäler oder der Vertrieb, dass ein mobiles Endgerät geteilt werden kann. Es ist daher wichtig, dass die angestrebte MDM-Lösung im Stande ist, mehrere Mitarbeiter pro Endgerät zu unterstützen.

Name	Passwortschutz	Passwort zurücksetzen	Endgerät löschen	Endgerät teilweise löschen	Endgerät sperren	WLAN deaktivieren	Bluetooth deaktivieren	Kamera deaktivieren	Sicherheitsproxy setzen	Konfiguration prüfen	Automatisch provisionieren	Mehrere Anwender pro Endgerät
Blackberry	⊙	⊙	⊙	⊙	⊙	⊙	⊙	⊙	⊙	⊙	⊙	⊙
Cisco Meraki	⊙	⊙	⊙	⊙	⊙	⊙	⊙	⊙	⊙	⊙	⊙	
Citrix Xen Mobile	⊙	⊙	⊙	⊙	⊙	⊙[1]	⊙[1]	⊙	⊙	⊙	⊙	⊙
IBM MaaS360	⊙	⊙	⊙	⊙	⊙		⊙	⊙	⊙	⊙	⊙	
Ivanti Avalanche	⊙	⊙	⊙	⊙	⊙			⊙**		⊙	⊙	
Matrix42	⊙	⊙	⊙	⊙	⊙					⊙	⊙	

Konzept für Mobile Device Management

	Passwortschutz	Passwort zurücksetzen	Endgerät löschen	Endgerät teilweise löschen	Endgerät sperren	WLAN deaktivieren	Bluetooth deaktivieren	Kamera deaktivieren	Sicherheitsproxy setzen	Konfiguration prüfen	Automatisch provisionieren	Mehrere Anwender pro Endgerät
Microsoft Intune	⊙	⊙	⊙	⊙	⊙	⊙	⊙	⊙	⊙	⊙	⊙	⊙
MobileIron	⊙	⊙	⊙	⊙	⊙	⊙	⊙	⊙	⊙	⊙	⊙	⊙²
NationSky	⊙	⊙	⊙	⊙	⊙	⊙	⊙	⊙	⊙	⊙	⊙	
Snow Software	⊙	⊙**	⊙	⊙	⊙		⊙	⊙	⊙	⊙	⊙	
Sophos Mobile	⊙	⊙	⊙	⊙	⊙			⊙	⊙	⊙	⊙	
SOTI	⊙	⊙	⊙	⊙	⊙	⊙	⊙	⊙			⊙	
VMware AirWatch	⊙	⊙	⊙	⊙	⊙	⊙	⊙	⊙	⊙	⊙	⊙	⊙

* = Nur iOS   ** = Nur Android

¹ = Geplant
² = Kiosk Modus. Eine Applikation, mehrere Benutzer, unterschiedliche Berechtigungen

Tabelle 3 Marktübersicht nach Gartner mit einer Übersicht der Funktionen (Quelle: Autor)

8.7 Unternehmensbefragung zur Marktsituation

Marktstudien, die im Zusammenhang mit MDM stehen, sind in der Regel von MDM-Softwareherstellern erstellt und deswegen subjektiv. Mit der erstellten Marktübersicht (Kapitel 8.6) und einem Fragebogen (Anhang b. 0MDM Fragebogen) soll die aktuelle Marktsituation in 2 unterschiedlichen Schweizer Unternehmen dargestellt werden. Es geht dabei nicht darum, welche Endgeräte oder Tools eingesetzt werden, sondern mehrheitlich darum, wie die aktuelle Situation der gewählten Konzepte aussieht. Vorwegzunehmen ist, dass der Fragebogen als nicht bindend zu verstehen ist. Dieser gilt nur als Leitfaden für das Gespräch.

8.7.1 Fintech-Unternehmen

Name: CREALOGIX Holding AG

Mitarbeiterzahl: 700

Gesprächspartner: Gerhard Hieber

8.7.1.1 Informationen

«Gemäss Crealogix ist die CREALOGIX Gruppe ist ein Schweizer Fintech-Top-100-Unternehmen und gehört weltweit zu den Marktführern im Digital Banking. Wir entwickeln und implementieren innovative Fintech-Lösungen für die digitale Bank von morgen. Mit unseren Lösungen antworten Banken auf die sich ändernden Kundenbedürfnisse im Bereich der Digitalisierung, um sich in einem anspruchsvollen und dynamischen Markt zu behaupten und dem Wettbewerb stets einen Schritt voraus zu sein.

Die 1996 gegründete Gruppe beschäftigt weltweit rund 700 Mitarbeitende. Die Aktien der CREALOGIX Holding AG (CLXN) werden an der SIX Swiss Exchange gehandelt.»

8.7.1.2 Bewertung des Fragebogens

Die CREALOGIX Holding AG will in den nächsten Monaten produktive Applikationen für mobile Endgeräte entwickeln. Dies soll in erster Linie auf Prototypenbasis passieren, sodass getestet werden kann, welches Entwicklungs- und Verteilungskonzept am besten ins Unternehmen passt. Ob diese Prototypen nativ oder webbasiert entwickelt werden, steht noch nicht fest. Vorstellbar sind Applikationen, die den Workflow eines bestimmten Unternehmensprozesses vereinfachen wie z.B. eine Applikation zur Reisekostengenehmigung. Fremden Applikationen und deren

Mehrwert stehen die Verantwortlichen eher kritisch gegenüber, da dadurch keine wirkliche Produktivitätssteigerung erwartet wird. Ein komplettes BYOD-Konzept ist vorstellbar, allerdings ist die CREALOGIX Holding AG hier erst in einer Art Findungsphase. Zurzeit testen die Verantwortlichen die Integration von einigen Apple-Tablets und denken auch über den Einsatz von Microsoft Surface Tablets nach. Den Ersatz von klassischen Endgeräten, z.B. das Ersetzen von Notebooks durch Tablets, könnte sich die CREALOGIX Holding AG vorstellen, man nimmt hier aber eine abwartende Position ein.

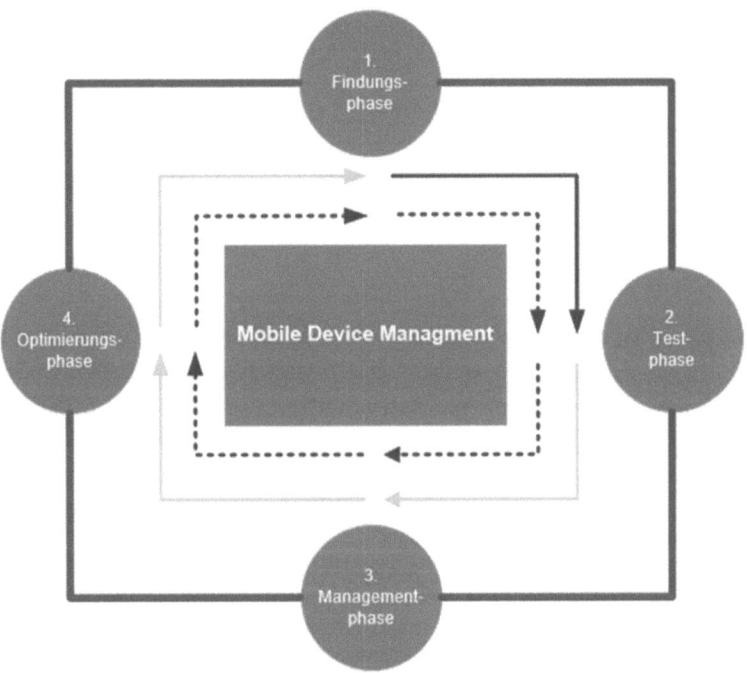

Abbildung 13 Darstellung des MDM-Status der CREALOGIX Holding AG im MDM Lifecycle (Quelle: Autor)

In (Abbildung 13) stellen die gestrichelten Linien den Integrationsstand der COPE-Endgeräte dar, der in der CREALOGIX Holding AG bereits vollkommen abgeschlossen wurde. Die durchgezogene Linie stellt dar, in welchem Prozess sich die CREALOGIX Holding AG bei der Integration von BYOD für die Bereitstellung von Smartphones und Tablets befindet. Hierbei bleibt festzuhalten, dass die Findungsphase abgeschlossen wurde und das Unternehmen sich zurzeit in einem ersten Test-

Rollout befindet, in dem auch die Frage nach der richtigen Softwareunterstützung geklärt wird. Die CREALOGIX Holding AG befindet sich also noch relativ am Anfang der Einführung des BYOD-Konzeptes, bewegt sich mit der Wahl des Konzeptes aber auf einem Weg hin zur Verbraucherfreundlichkeit. Damit geht die CREALOGIX Holding AG auf diesen Trend ein und versucht, Konzepte und Lösungen für das Bereitstellen von mobilen Endgeräten mit einer grösseren Verantwortung des Endbenutzers zu koppeln.

8.7.2 Medizintechnisches Unternehmen

Name: Kantonsspital St.Gallen

Mitarbeiterzahl: 5500

Gesprächspartner: Jürg S.

8.7.2.1 Informationen

«Gemäss Kantonspital St.Gallen ist das Kantonsspital St.Gallen das Zentrumsspital der Ostschweiz. Die Häuser in Rorschach und Flawil sind auf allen Ebenen, medizinisch, logistisch und personell voll integrierte Bestandteile des Unternehmens Kantonsspital St.Gallen. Sie sichern für die Bevölkerung in den entsprechenden Regionen die medizinische Grundversorgung. Als eines der grössten Spitäler der Schweiz übernimmt das Kantonsspital St.Gallen neben Grundversorgungsaufgaben für die Bevölkerung der Stadt St.Gallen auch Zentrumsfunktionen für die Einwohnerinnen und Einwohner des ganzen Kantons St.Gallen sowie der angrenzenden Regionen.

Das Kantonsspital St.Gallen weist in Bezug auf Versorgung wie auch Qualität den Standard universitärer Einrichtungen auf. Dabei gelten an allen Spitalstandorten die gleichen Richtlinien. Dieses Niveau soll auch in Zukunft zu vertretbaren Kosten gehalten werden. Das Kantonsspital St.Gallen beschäftigt über 5'500 Mitarbeitende und bietet mehr als 700 Ausbildungsplätze an.»

8.7.2.2 Bewertung des Fragebogens

Im Kantonsspital St.Gallen werden bereits seit mehreren Jahren Smartphones von Apple eingesetzt. Hierfür wurde ein Rahmenvertrag mit der Swisscom geschlossen und Ärzte, IT- Mitarbeiter und Geschäftsleitung damit ausgestattet. Zusätzlich wurde eine Organisationsrichtlinie eingeführt, die die private Nutzung der Endgeräte untersagt. Vor gut zwei Jahren wurde im Vorstand der Wunsch geäussert, private Endgeräte an die IT-Infrastruktur anzubinden. Seitdem sind private

Smartphones der Mitarbeiter mit ActiveSync in das Unternehmen integriert und erlauben die Nutzung des E-Mail-Clients, der Kalenderfunktion und der Kontaktfunktion. Bei Verlust oder Diebstahl kann durch eine Änderung des Zugangspasswortes der Zugriff auf diese E-Mails gesperrt werden.

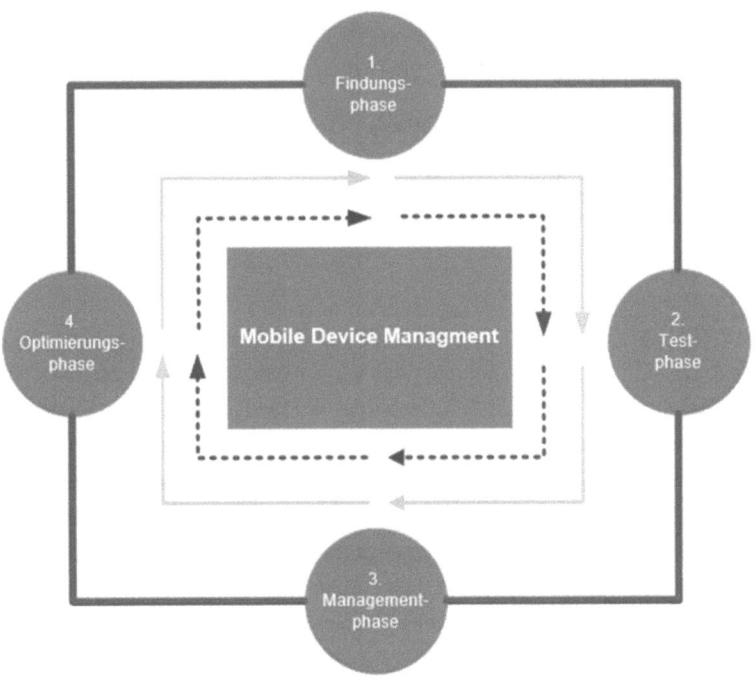

Abbildung 14 Darstellung des MDM-Status der Kantonsspital St.Gallen im MDM Lifecycle (Quelle: Autor)

Die Einführung der iOS Smartphones ist abgeschlossen (gestrichelte Pfeile in Abbildung 14). Aber für die Anwendung von privaten mobilen Endgeräten ist noch kein Weg gefunden worden. Das Unternehmen befindet sich dementsprechend in der Findungsphase, in der es auf Drängen des eigenen Vorstandes BYOD Konzepte ausprobiert. Diese Konzepte sind allerdings aufgrund ihrer geringen Sicherheit riskant und gerade bei medizintechnischen Unternehmen mit den besonders schützenswerten Personendaten nicht empfehlenswert.

8.8 SWOT-Analyse

	Positiv	Negativ
Intern	Stärken (Strengths) - Über 100 MDM Lösungsanbieter - Starker ROA über 5 Jahre - Sicherung der mobilen Endgeräte	Schwächen (Weaknesses) - Fehlendes Fachpersonal - Fehlende Strategie
Extern	Chancen (Opportunities) - Erhöht Mitarbeiterzufriedenheit - Managed Service - Sicherung der mobilen Infrastruktur	Risiken (Threats) - Externe Netzwerke - Erhöht die zu supportenden Endgeräte - Falsche MDM-Lösung gewählt

Tabelle 4 SWOT-Analyse im Bezug zu einer möglichen MDM-Lösung (Quelle: Autor)

9 IT-Management und Strategie

Für den Anfang sollten Unternehmen Geschäftsziele nutzen, um ihren Blick auf das Verwalten mobiler Endgeräte zu schärfen. MDM ist seit Langem ein undurchsichtiger Riese, der ein breites Aufgabenspektrum abdeckt, das von der Inventarisierung und Bereitstellung mobiler Endgeräte bis hin zur Softwareverteilung und Sicherheit reicht. Unternehmen, die versuchen, alles auf einen Schlag zu implementieren, werden es schwer haben.

Beispielsweise betrachten viele Unternehmen Sicherheit als oberste Priorität, können aber keine Endgeräte sichern, die sie nicht besitzen oder erkennen. Man sollte nicht mit dem Ziel Passwortschutz für alle mobilen Endgeräte beginnen. Es sollte mit der Identifizierung aller mobilen Endgeräte, die für den Geschäftsbetrieb verwendet werden, begonnen werden. Diese Grundlage wird es einfacher machen, andere Aufgaben wie die Definition geeigneter Passwortrichtlinien für alle mobilen Endgeräte durchzuführen, anstatt das Rad immer wieder neu zu erfinden.

Eine einheitliche MDM-Strategie fördert auch die Wiederverwendung von Richtlinien und Werkzeugen. Mitarbeiter sollten sich nicht mit unterschiedlichen Identitäten und Berechtigungen auf jedem mobilen Endgerät auseinandersetzen müssen, viele verlangen bereits konsistente Anwendungen und synchronisierte Daten.

Ein einheitlicher, plattformbasierter Ansatz für MDM macht es einfacher, dieselben Richtlinien, Anwendungen und Daten auf unterschiedliche Geräte zu übertragen – einschliesslich neuer Geräte, die Mitarbeiter in den nächsten Jahren mitbringen werden.

Eine erfolgreiche mobile Strategie sollte auch ein Gleichgewicht zwischen Sicherheit und Komfort herstellen. Zu den wichtigsten Massnahmen sollten die Geschwindigkeit und Wirksamkeit der Authentifizierungsverfahren eines Unternehmens sowie die Massnahmen zum Schutz vor Malware oder Viren für mobile Endgeräte gehören.

9.1 Verteilung der Arbeitslast für die Verwaltung mobiler Endgeräte

Kurzfristige Mobilitätsbedürfnisse von Unternehmen müssen erfüllt werden, während Ihre langfristige MDM-Strategie umgesetzt wird. Für viele Unternehmen bedeutet dies, dass sie ältere MDM-Tools und -Prozesse für bestehende Benutzer und Endgeräte beibehalten und gleichzeitig neue Benutzer und Endgeräte durch einen neuen, einheitlichen Ansatz für das Management mobiler Endgeräte bereitstellen.

Alternativ können Unternehmen mit externen Beratern zusammenzuarbeiten, die zur Umsetzung ihrer langfristigen MDM-Strategie eingesetzt werden. Die mit diesem Ansatz verbundenen Risiken und Grenzen sind bekannt.

Externen Berater z.b. können bestimmte, ihnen bekannte MDM Tools priorisieren und implementieren, sind aber weniger motiviert, bestehende Unternehmenstools und -prozesse wiederzuverwenden. Darüber hinaus zögern Unternehmen natürlich, die Entwicklung von Systemen mit strategischer Bedeutung auszulagern, wobei Mobile Device Management hervorragend in diese Kategorie passt. Hier sind klare Ziele und Zusammenarbeit unerlässlich. Externen Berater sollte Erfahrung mit dem von dem Unternehmen gewünschten Tools für das Management mobiler Endgeräte mitbringen. IT- und Business-Teammitglieder, die in diesem Projekt mitarbeiten, sollten ernannt werden und mit dem externen Berater zusammenarbeiten, um die Anforderungen, die vom Unternehmen gestellt werden, zu erfüllen.

9.2 Mögliche Fehler in der IT-Strategie

Mit den Mitarbeitern zu sprechen ist in nirgends so wichtig wie bei der Umsetzung einer mobilen Strategie. Denn wenn die Mitarbeiter nicht abgeholt werden, machen die ganzen Bemühungen bei einer Einführung von MDM keinen Sinn. Das ist in allen Unternehmen, egal, ob KMU oder Behörden, der Fall.

Ein Fehler, den das Management machen kann, besteht darin, nicht auf die Marktgegebenheiten einzugehen. Ein iOS Endgerät spielt vielleicht im Unternehmen eine grosse Rolle. Bei der überwiegenden Mehrheit der Endgeräte handelt es sich jedoch um Android-Endgeräte, welche einfach günstiger und von der Auswahl grösser sind. In diesem Fall sollte das Management auf die Anforderungen der Mitarbeiter achten.

Ein zweiter Fehler ist der Versuch, eine falsche Strategie umzusetzen. MDM ist generell ein sinnvoller Ansatz. Jedoch sollte bereits in der ersten Phase der Entwicklung des Projektes mit den Mitarbeitern gesprochen werden. Einfach ein Konzept zu erarbeiten und dies dem Mitarbeiter dann zwanghaft aufzudrücken, ist der falsche Weg.

10 Rechtliche Sicht

Damit in einem Unternehmen private Endgeräte genutzt werden können, sollte eine rechtliche Beurteilung im Rahmen einer Unternehmensstrategie umgesetzt werden. Denn es stellen sich einige rechtliche Fragen, die in einem Zusatz des Arbeitsvertrages geregelt werden sollten.

Dennoch darf der Arbeitgeber nicht generell verlangen, dass private Endgeräte für die Arbeit eingesetzt werden müssen. Ein Unternehmen muss die Arbeitsmittel bereitstellen, die ein Mitarbeiter für seine Arbeit braucht.

10.1 Datenrichtlinie

BYOD kann nur beurteilt werden, wenn sämtliche Datenbestände eines Unternehmens erfasst wurden. Des Weiteren muss definiert werden, ob es sich um Einzeldaten, eine Datensammlung oder besonders schützenswerte Daten handelt. Besonders schützenswerte Daten sind im Sinne des Datenschutzes z.B. religiöse oder Patientendaten.

Gemäss DSG (Art. 3c) Besonders schützenswerte Personendaten.

Sollte eine Datenklassierung erstellt werden wie zum Beispiel öffentliche, interne, vertrauliche oder geheime Daten behandelt werden müssen. Die dabei entstehende Matrix, welche sich aus der Klassierung und Qualifikation ergibt, hilft bei der Beurteilung, welche Daten überhaupt nicht für MDM fähig sind.

10.2 Arbeitsrecht

«Gemäss Beranek (S. 5) Wird das Verhältnis zum Mitarbeiter durch das Arbeitsrecht definiert. Der Arbeitsvertrag oder ein Zusatz zum Arbeitsvertrag sind deshalb die Instrumente, in denen die nachfolgenden Themen geregelt werden müssen. Wird BYOD nur im Rahmen eines Arbeitsreglements inkorporiert, ist zu prüfen, ob auf dieses im Arbeitsvertrag verwiesen wird oder ein anderer Mechanismus des Akzepts durch den Arbeitnehmer besteht.»

Wenn nun einem Mitarbeiter während eines laufenden Arbeitsverhältnisses eine neue Vereinbarung zur Regelung von BYOD aufgezwungen wird, kann dies in Abhängigkeit davon, ob die Absicht besteht, das Arbeitsverhältnis aufrechtzuerhalten, eine Änderungskündigung vorliegen. Da dies jedoch nicht legal ist, weil es sich nicht auf eine wirtschaftliche oder betriebliche Veränderung stützt, kann dies als missbräuchlich angesehen werden. Eine solche Veränderung sollte jedem Mitarbeiter als Option dargelegt werden.

10.2.1 Einwilligungspflicht

Nach dem schweizerischen Recht benötigen Mitarbeiter eine Einwilligung des Unternehmens, um ihre privaten mobilen Endgeräte für die Erfüllung der Arbeit einzusetzen. Jedoch kann diese Einwilligung vonseiten des Arbeitgebers einfach durch Duldung erfolgen. Es entsteht jedoch eine rechtliche Unsicherheit, wenn eine ausdrückliche Genehmigung des Unternehmens fehlt. Ohne eine solche Genehmigung ist der Mitarbeiter verpflichtet, private Daten von geschäftlichen zu trennen und gewisse Sicherheitsstandards einzuhalten. Sollte dies nicht geschehen, verletzt der Mitarbeiter bei Einsatz eines privaten Endgeräts möglicherweise die Sorgfalts- und Treupflicht gegenüber seinem Arbeitgeber.

«Gemäss OR (Art. 321e) Ist der Arbeitnehmer für den Schaden verantwortlich, den er absichtlich oder fahrlässig dem Arbeitgeber zufügt.

Das Mass der Sorgfalt, für die der Arbeitnehmer einzustehen hat, bestimmt sich nach dem einzelnen Arbeitsverhältnis, unter Berücksichtigung des Berufsrisikos, des Bildungsgrades oder der Fachkenntnisse, die zu der Arbeit verlangt werden, sowie der Fähigkeiten und Eigenschaften des Arbeitnehmers, die der Arbeitgeber gekannt hat oder hätte kennen sollen.»

10.2.2 Eigentumsverhältnisse

«Gemäss Beranek (S. 7) Wird ein privates Endgerät unter anderem für geschäftliche Zwecke genutzt, sind die Eigentumsverhältnisse zu klären. Liegt das Eigentum beim Unternehmen, sei es durch die Zurverfügungstellung auch für private Zwecke, ermöglicht dies den Zugriff aufs Endgerät. In diesem Fall ist jedoch nicht mehr von BYOD die Rede, auch wenn der Mitarbeiter sich das Mobile Device Initial selbst beschafft hat.»

Bei BYOD ist der Eigentümer des mobilen Endgerätes jedoch immer der Mitarbeiter, der sein privates Endgerät in die Unternehmensinfrastruktur einbinden möchte. Braucht der Mitarbeiter kostenpflichtige Applikationen, welche er zu Ausübung seiner Tätigkeit benötigt, ist zu klären, wer diese Applikationen beschafft bzw. finanziert. Da nicht einfach jede Applikation verwendet werden kann, die der Mitarbeiter will, muss auch geklärt werden, wer Applikationen evaluiert und testet. Denn es gibt Applikationen, welche auf den ersten Blick schön aussehen, jedoch im

Hintergrund Drittunternehmen Zugang zu den eigenen Unternehmensdaten verschaffen.

10.3 Datenschutz und Compliance

10.3.1 Datenschutz

«Gemäss DSG (Art. 3a) Personendaten (Daten): alle Angaben, die sich auf eine bestimmte oder bestimmbare Person beziehen»

Unter den Datenschutz fallen somit alle Personendaten, Persönlichkeitsprofile und besonders schützenswerte Personendaten. Besonders sensible Daten sind Daten, die ein besonders hohes Risiko aufweisen, dass Persönlichkeitsrechte der Betroffenen missbraucht werden können. Darunter fallen Informationen wie Religion, Weltanschauung, politische Ansichten, Rassenzugehörigkeit, Gesundheit, Sozialhilfemassnahmen sowie strafrechtliche Verfolgung und Sanktionen.

In einem Unternehmen sollten deshalb einige Punkte zur Minimierung der Datenschutzrisiken beachtet werden. Grundsätzlich sollten bei BYOD die gleichen Infrastrukturregeln gelten wie bei der Nutzung des normalen Arbeitsplatzes.

- Klare Nutzungsregelungen, die besagt, was erlaubt ist und was nicht
- Trennung von geschäftlichen und privaten Daten
- Gewährleistung der Datensicherheit (Verschlüsselungstechnik, Passwörter etc.)
- Klare Regelung, wo die geschäftlichen Daten gespeichert werden
- Genehmigungspflicht durch einen Verantwortlichen.
- Zugriffsregelung auf das Endgerät durch den Arbeitgeber (zur Geräteüberprüfung).

10.3.2 Datensicherheit

«Gemäss DSG (Art. 7) Personendaten müssen durch angemessene technische und organisatorische Massnahmen gegen unbefugtes Bearbeiten geschützt werden.»

Die Datensicherheit bei BYOD ist jedoch im Vergleich zum herkömmlichen Arbeitsplatz viel komplexer. Bei BYOD geraten sich viele neue Anforderungen in den Vordergrund wie die Sicherstellung der Verfügbarkeit sowie der Vertraulichkeit der zu verarbeitenden Daten. Dazu sind technische sowie organisatorische Vorkehrungen zu treffen, die das unbefugte Bearbeiten von Daten verhindern. Diese

Vorkehrungen sollen im Falle eines Verlustes oder Diebstahls ein privates Endgerät vor unbefugten Zugriffen schützen. Damit ein Unternehmen jedoch seine Daten zuverlässig schützen kann, ist die Zustimmung des Mitarbeiters zwingend erforderlich, um dieses Gerät durch einen remote Zugriff oder sogar durch Wiping zu sichern. Sobald es sich beim Inhalt der Daten, welche übermittelt werden, um besonders schützenswerte Daten handelt, ist die Kommunikation zu verschlüsseln. Darüber hinaus ist mithilfe einer Daten Policy zu regeln, wie die Zugriffsberechtigung auf diese Daten zu schützen ist. Diese Zugriffe sollten ausserdem überwacht und protokoliert werden.

10.3.3 Compliance

«Gemäss Beranek (S. 9) Nebst den sicherheitstechnischen Anforderungen sind gesetzliche und vertragliche Geheimhaltungsvorschriften zu beachten. Die Geheimhaltungsvorschriften spielen vor allem bei Geheimhaltungsvereinbarungen, M&A-Transaktionen und grösseren Forschungsprojekten eine Rolle. Geheimnisbruch kann empfindliche Konventionalstrafen und strafrechtlichen Konsequenzen auslösen. Aber auch das Berufs- und Amtsgeheimnis kann verletzt werden.»

Unternehmen sind zwar nicht verpflichtet, zwecks Datensammlung für die Strafermittlung den Internetverkehr jedes Mitarbeiters auszulesen, müssen aber akzeptieren, dass der Dienst Überwachung Post- und Fernmeldeverkehr (Dienst ÜPF) dies für die Strafverfolgungsbehörde vornimmt. Wenn nun ein Mitarbeiter über sein privates mobiles Endgerät illegale Dinge vornimmt und sich strafbar macht, kann dies auf das Unternehmen zurückgeführt werden, da dieses Gerät möglicherweise über eine VPN-Verbindung mit dem Unternehmensnetzwerk verbunden ist. Demnach sollte bei einer Umsetzung eines BYOD-Konzepts auch dieser Aspekt in die Gedanken mit einfliessen, wie man dies am einfachsten ermitteln kann.

10.4 Immaterialgüterrecht und Lizenzrechte

«Gemäss OR (Art. 332) Rechte an Erfindungen und Designs» Erfindungen und Designs, die der Arbeitnehmer bei Ausübung seiner dienstlichen Tätigkeit und in Erfüllung seiner vertraglichen Pflichten macht oder anderen Hervorbringung er mitwirkt, gehören unabhängig von ihrer Schutzfähigkeit dem Arbeitgeber.»

Somit gehören Erfindungen und Errungenschaften, welche ein Mitarbeiter während der Arbeitszeit macht, von Gesetzes wegen dem Unternehmen. Es spielt auch keine Rolle, ob dies jetzt auf ein BYOD-Endgerät stattgefunden hat oder nicht. Sollte ein Mitarbeiter einer Nebenbeschäftigung nachgehen, ist in einem Reglement dies einer Bewilligungspflicht zu unterstellen. Somit kann sichergestellt werden, dass, wenn ein Mitarbeiter selbstständig ist, die Errungenschaften, welche er während der regulären Arbeitszeit erbringt, auch dem Unternehmen gehören.

Wenn ein Mitarbeiter auf seinem privaten mobilen Endgerät Lizenzen des Unternehmens verwendet, kann dies zu Verletzungen der Lizenzbestimmungen des Lizenzgebers führen, was wiederum Klagen gegen das Unternehmen auslösen könnte. Es empfiehlt sich daher, eine Vereinbarung mit dem Mitarbeiter zu treffen, wie er Lizenzen eines Unternehmens verwenden darf. Dennoch ist mit den Entwicklern der Applikationen zu prüfen, ob es sich bei den Lizenzen, die vom Unternehmen erworben wurden, um eine Einzelplatz- oder Mehrplatzlizenz für die Applikation handelt.

10.5 Haftung

«Gemäss OR (Art. 321a) Sorgfalts- und Treuepflicht» Der Arbeitnehmer hat die ihm übertragene Arbeit sorgfältig auszuführen und die berechtigten Interessen des Arbeitgebers in guten Treuen zu wahren.»

Bei Mobile Device Management bestehen bekannte Sicherheitsprobleme wie Datenleck oder der Missbrauch einer Datenverarbeitungsmaschine. Dies, weil ein mobiles Endgerät ganz einfach entwendet werden kann, was zu einem Datendiebstahl oder womöglich zu einer Manipulation des Endgerätes führen kann. Falls keine dritte Person das Endgerät entwendet, kann es mithilfe von Angriffen auf die Systeme von Unternehmen mit so genannten Man-in-the-Middle Attacken kommen.

Grössere technische Risiken können minimiert werden, wenn ein Unternehmen ein MDM-System einsetzt. Aber um einen Mitarbeiter zu verpflichten, die Einstellungen sowie sicherheitstechnischen Einrichtungen zu akzeptieren, benötigt es dessen Einwilligung. Hält sich ein Mitarbeiter dann nicht an die vorgeschriebenen Sicherheitsweisungen, macht sich dieser strafbar.

«Gemäss OR (Art. 55) Haftung des Geschäftsherrn» Der Geschäftsherr haftet für den Schaden, den seine Arbeitnehmer oder andere Hilfspersonen in Ausübung ihrer dienstlichen oder geschäftlichen Verrichtungen verursacht haben, wenn er nicht nachweist, dass er alle nach den Umständen gebotene Sorgfalt angewendet hat, um einen Schaden dieser Art zu verhüten, oder dass der Schaden auch bei Anwendung dieser Sorgfalt eingetreten wäre.»

Betreibt ein Unternehmen kein MDM-System, haftet dieses stets gegenüber Dritten. Die Haftung kann aber im Falle, dass der Mitarbeiter die Sorgfaltspflicht und Weisungen des Unternehmens nicht befolgt, gemäss Regressrecht die Schadensersatzpflicht auf den Mitarbeiter abwälzen. Dies zu beweisen könnte jedoch nicht ganz so einfach sein.

11 IT-Sicherheit

Vor allem Smartphones und Tablets zeichnen sich mit ihren zahlreichen Sensoren und Schnittstellen sowie der Möglichkeit, unzählige Applikationen zu installieren, durch ein erhöhtes Risiko aus.

Offene Schnittstellen wie z.b. API erlauben beinahe eine uneingeschränkte Nutzung des Funktionsumfangs eines mobilen Endgerätes. Mit geeigneten Applikationen lassen sich so, ohne dass es bemerkt wird, Daten entwenden oder gar das Endgerät steuern. Jedes mobile Endgerät verfügt heute über unzählige Sensoren wie z.b. Berührungs-, Bewegungs- oder Beschleunigungssensoren wie auch über Kamera, Mikrofon oder Lautsprecher und über Kommunikationsschnittstellen wie Bluetooth, GPS, NFC, oder WLAN. Applikationen können je nach Rechtevergabe auf diese Sensoren zugreifen und z.b. ein Telefongespräch aufzeichnen. Und da die meisten Nutzer von Smartphones nach wie vor bei Installationen von Applikationen die geforderten Rechte akzeptieren, kann dies zu einem erheblichen Risiko für ein Unternehmen führen.

Mobile Device Management-Systeme werden hauptsächlich dann eingesetzt, wenn ein Unternehmen seine Daten schützen möchte. Damit diese Daten jedoch geschützt werden können, steht ein Unternehmen vor zahlreichen Herausforderungen im Bereich der Sicherheit.

Ein Unternehmen hätte es am liebsten, dass die Unternehmensdaten nie das Haus verlassen. Da Daten, welche auf mobilen Endgeräten gespeichert werden, können möglicherweise in Cloud Services wie Dropbox gespeichert werden und sind somit nicht mehr sicher vor unbefugten Zugriffen geschützt. Auch verliert das Unternehmen die Kontrolle über diese Daten, da ein Mitarbeiter diese Daten, die sich in seiner privaten Cloud befinden, mit anderen teilen lassen, ohne dass irgendeine Compliance-Anforderung an das mobile Endgerät gestellt wird. Vor allem Grossunternehmen mit hochsensiblen Daten wie Patientendaten oder Daten aus dem Finanzbereich sollten hier strenge Richtlinien erlassen, um die Daten zu schützen.

Weiter steht ein Unternehme vor der Herausforderung der Verfügbarkeit der Daten. Kleine bis mittelständische Unternehmen verfügen meist nicht oder nur bedingt über hochverfügbare IT-Infrastrukturen. Dennoch sollten die Daten immer verfügbar sein. Das führt dazu, dass kleinere Unternehmen auch aus wirtschaftlichen Gründen eine MDM-Lösung bei einem SaaS-Anbieter in Betracht ziehen. SaaS Anbieter-bringen in der Regel nicht nur hochverfügbare Infrastrukturen mit, sondern verfügen gleichzeitig auch über fachkundiges Personal, das sich nur auf das

Verwalten von mobilen Endgeräten konzentriert und somit auch immer auf dem neusten Stand der Entwicklung in diesem Bereich ist.

Bei SaaS-Anbietern stellt sich jedoch die Frage, ob sich der Firmensitz des SaaS-Anbieter im europäischen Rechtsraum befindet oder nicht. Es steht auch die Frage im Raum, wo dieser Anbieter seine MDM-Lösung betreibt.

Sollte der SaaS-Anbieter seinen Firmensitz in den USA haben bzw. seine Infrastruktur in den USA betreiben, ist unter anderen das FBI berechtigt, auf sämtlichen Daten, die sich auf der IT-Infrastruktur des SaaS-Anbieters befindet, zuzugreifen. Dazu ist schlicht eine Verfügung des Gerichts notwendig, um diese Zugriffe auf einen Telefonanbieter, Internet Provider oder eben auch auf einen Cloud Serviceanbieter zu gewähren. Diese Anbieter sind dann verpflichtet, die Daten, die angefordert werden, herauszugeben. Im europäischen Rechtsraum sind Unternehmen vor solchen Zugriffen geschützt, es sei denn, der SaaS-Anbieter ist Amerikaner.

11.1 Grundsätzliches

Wie bereits erläutert, sind bei der Entscheidung für das Einführen eines Mobile Device Management-Systemen drei wichtige Pfeiler zu beachten.

- Der Datenschutz auf mobilen Endgeräten
- Der Schutz mobiler Endgeräte
- Der Schutz von mobilen Netzwerken

11.1.1 Datenschutz

Wie bereits erwähnt, ist der Schutz von Unternehmensdaten wohl der Haupttreiber dafür, dass ein Unternehmen eine MDM-Lösung für die mobilen Endgeräte bereitstellt. Da es sich bei den mobilen Endgeräten eigentlich um sehr leistungsstarke Computer mit viel Speicherplatz handelt, sollten die Datenschutzrichtlinien eines Unternehmens auf die mobilen Endgeräte ausgedehnt werden. Jedoch darf ein wichtiger Punkt nicht vergessen gehen, die Auswirkungen auf die Privatsphäre der Mitarbeiter.

Mobile Device Management-Anbieter verwenden wie in (Kapitel 8.5) erläutert, zwei verschiedene Architekturansätze, um Daten auf mobilen Endgeräten zu schützen, den Container-Ansatz und den Applikation Layer-Ansatz.

11.1.2 Endgeräteschutz

Der Endgeräteschutz ist ein wichtiger Bereich bei MDM. Denn ein infiziertes oder unsicheres mobiles Endgerät kann im Unternehmensnetzwerk verheerende Folgen haben, wenn es Unternehmensdaten kompromittiert. MDM hilft also jedem Unternehmen, die verwalteten mobilen Endgeräte zu schützen und somit auch dessen Unternehmensdaten.

Von den Mobile Device Management-System-Herstellern, die im Magischen Viereck von Gartner (Abbildung 12) aufgeführt werden, können die meisten Systeme die Administratoren des MDM-Systems benachrichtigen, wenn ein Mitarbeiter versucht, ein Smartphone oder Tablet zu rooten. Ein gerootetes oder gejailbreaktes Endgerät ermöglicht Mitarbeitern, Funktionen auszuführen wie z.B. den Administratorenzugriff oder das Installieren von Applikationen, welche von der IT oder dem Unternehmen nicht genehmigt sind. Auch wenn ein gerootetes Endgerät nicht unbedingt zu einer Kompromittierung führt, sollte dennoch die Möglichkeit ins Auge gefasst werden, gerootete mobile Endgeräte zu akzeptieren.

Eine weitere, jedoch sehr simple Sicherheitslösung, die jedes mobile Endgerät benötigt, ist der Passwortschutz. Dies ist eine einfache Möglichkeit, die Endgeräte vor einem unbeabsichtigten Zugriff durch Eindringlinge zu schützen, die ein Endgerät gefunden bzw. gestohlen haben. Administratoren von MDM-Systemen sollten daher Richtlinien für Passwörter bzw. PINs mit einem definierten Zeitraum der automatischen Sperrung durchsetzen. Sollte ein mobiles Endgerät dennoch mal verloren gehen oder gestohlen werden, sollte mit der Option des Fernlöschens sichergestellt werden, dass sich auf dem Endgerät keine Unternehmensdaten mehr befinden.

Weiterhin sollten alle mobilen Endgeräte, welche mit MDM verwaltet werden und wichtige Unternehmensdaten enthalten, verschlüsselt werden. Ähnlich wie bei der Festplattenverschlüsselung von Notebooks oder Workstations schützt die Verschlüsselung das Endgerät selbst und die Daten, die darauf gespeichert werden. Dies wird bei Apple iOS sowohl bei Android mit einer 256-Bit Verschlüsselung gewährleistet. Diese Verschlüsselung ist bereits in die Betriebssysteme integriert und muss nur aktiviert werden. Was bedeutet, dass keine zusätzliche Software benötigt wird, um eine Verschlüsselung der Daten zu gewährleisten.

Dennoch sollte ein Unternehmen klar definieren, welche Applikationen zur Nutzung von Unternehmensdaten verwendet werden dürfen und welche Änderungen am Betriebssystem notwendig sind, z.b. das Deaktivieren der Kamera, damit keine Snapshots erstellt werden können.

11.1.3 Schutz mobiler Verbindungen

Der dritte wichtige Pfeiler, um ein sicheres Mobile Device Management zu etablieren, ist der Schutz der Verbindungen in das interne Netzwerk eines Unternehmens und dessen Zugriff auf die Ressourcen. MDM ist in der Lage, das Risiko einer unsicheren Kommunikation zu verringern, indem Konfigurationen von Drittanbietern blockiert, bestimmte Funktionen auf den mobilen Endgeräten entfernt oder bestimmte Funktionen wie eine VPN-Verbindung aktiviert werden.

Da es unerlässlich ist, dass Mitarbeiter im Aussendienst mit ihren Endgeräten auf das Unternehmens interne Netzwerk zugreifen müssen, um an Unternehmensdaten zu gelangen, kann eine MDM-Lösung helfen, indem sie es nur erlaubt, diese Daten über eine VPN-Verbindung zu erhalten. Das heisst: Wenn ein Mitarbeiter z.B. auf SharePoint zugreifen möchte, um Unternehmensdaten abzufragen, kann er dies nicht über öffentliche Netzwerke direkt tun, sondern MDM hinterlegt eine Konfiguration, die automatisch eine VPN-Verbindung herstellt.

Mobile Endgeräte sind im Grunde nichts anderes als eine Erweiterung der Unternehmensinfrastruktur. Somit ist eine Verwendung derselben Richtlinien für den Webzugriff möglich wie bei bestehenden Computern, die vor Ort stehen, und ermöglichen so die Weiterführung einer konsistenten Sicherheit. Dennoch sind für MDM weitere Optionen verfügbar, die das sichere Surfen im Internet unterstützen. Denn im Gegensatz zum normalen Desktop Computer, welche vor Ort eines Unternehmens steht, verbinden sich mobile Endgeräte mehrheitlich mit öffentlichen Netzwerken, die nicht von der IT verwaltet werden können.

Sollte dies nicht umgesetzt werden, laufen Unternehmen Gefahr, dass sie von aussen angegriffen werden können. Denn es ist für einen Angreifer nicht sonderlich schwer, Schwachstellen in Verbindungen wie WLAN oder über das Mobilfunknetz auszunutzen, um entweder direkt oder mithilfe einer Malware Daten im Unternehmen zu kompromitieren.

Beispiele einer solchen Attacke können als Man in the Middle Attacken bezeichnet werden. Ein solcher Angriff täuscht ein TLS/SSL Stripping vor oder stuft das TLS/SSL Cipher herunter.

Netzwerkangriffe war auch früher ohne mobile Endgeräte möglich, sie waren aber seltener. Denn was sich hinter einer Firewall befand, galt soweit als sicher. In der heutigen Realität sieht es jedoch anders aus. Denn jedes mobile Endgerät eines Unternehmens ist täglich länger mit anderen Netzwerken verbunden als mit dem Unternehmensnetzwerk selbst.

Schliesslich enthalten bestimmte MDM-Systeme eine Funktion namens Geofencing, die es mobilen Endgeräten nur erlaubt, innerhalb eines bestimmten geografischen Standorts zu arbeiten. Dies kann für Mitarbeiter, die mit ihren Smartphones und Tablets reisen, zu einschränkend sein. Aber für mobile Endgeräte, die einen bestimmten Ort nicht verlassen sollten wie zum Beispiel Endgeräte für die Lagerverwaltung kann die Nutzung eingeschränkt werden, sobald sie das Firmengelände verlassen.

11.2 Organisatorische Sicherheitsmassnahmen

Es ist wichtig, dass die Organisation Weisungen zur Nutzung von mobilen Endgeräten wie Smartphones oder Tablets erstellt. Zusätzlich sollten die Mitarbeiter in Bezug auf die Nutzung der mobilen Endgeräte sensibilisiert werden.

Das Sperren von Applikationen wie WhatsApp, Facebook Messanger oder Cloud-Diensten wie Dropbox auf privaten Endgeräten ist vollkommen fehl am Platz. Dennoch darf ein Unternehmen diesen Applikationen keinen Zugriff auf sensible Unternehmensdaten gewähren. Eine Separierung von privaten und geschäftlichen Applikationen dient auch dazu, arbeitsrechtliche Probleme zu vermeiden. Schliesslich muss man die Unternehmensdaten auf mobilen Endgeräten überwachen, um nicht den Überblick zu verlieren. Der Blick auf private Daten auf den Endgeräten ist jedoch ein absolutes Tabu. Eine Liste mit zugelassenen Anwendungen sollte im Intranet publiziert werden. Bei nicht erlaubten Anwendungen ist zu begründen, weshalb diese nicht zugelassen sind. Dies führt zu mehr Transparenz und Verständnis bei den Mitarbeitern.

Ein Unternehmen sollte auch klar definieren, wie komplex ein Passwort oder eine PIN sein muss, um ein Endgerät zu entsperren bzw. auf eine Applikation, die berechtigt ist, Unternehmensdaten anzuzeigen oder zu bearbeiten, zuzugreifen.

11.2.1 Audits

«Gemäss Klett (2015, S 176) geht es bei technischen Audits um punktuelle Überprüfungen, allerdings mehr bezogen auf technische Sachverhalte. Bei technischen Audits steht dir personelle Trennung zwischen Betriebsverantwortung und Überprüfung meist nicht im Vordergrund, weil es sich hierbei um mehr objektiv ermittelbare Fakten handelt, bei denen ein subjektiver Ermessensspielraum bei der Datenerfassung nicht besteht.»

Auch bei technischen Audits sollten Aussenstehende, betriebsfremde Experten diese durchführen und keinesfalls interne Revisoren.

Dennoch sollten die Auditziele auch den vom Unternehmen definierten Sicherheitszielen entsprechen. In Tabelle 5 wurde versucht, die organisatorischen Sicherheitsziele sowie deren Ziele für einen Audit zu definieren.

Sicherheitsziele	Auditziele
Sicherheitsrichtlinien und -verfahren für mobile Geräte sind zuverlässig und effektiv.	Sicherstellung der Sicherheit von mobilen Geräten und der damit verbundenen Kontrollen auf Unternehmensebene, allgemeiner Ebene und detaillierter Kontrollebene.
Zugangskontrolle und Verschlüsselung für mobile Endgeräte sind angemessen und umfassend.	Überprüfung der Zugriffskontrolle und Verschlüsselungskontrollen für mobile Geräte in Übereinstimmung mit dem Daten- und Informationsrisiko sowie der Klassifizierung von Informationen.
Die Daten- und Informationstrennung bei eingerichteten Endgeräten sind vollständig und effektiv.	Überprüfungskonzepte, Verfahren und Implementierung der Daten- bzw. Informationstrennung für alle Endgeräte, die sich im Besitz der Mitarbeiter befinden und von ihnen verwendet werden.
Das Security Incident Management für mobile Endgeräte ist vollständig implementiert und effektiv.	Überprüfung der Prozesse und Kontrollen für das Incident Management mobiler Endgeräte und Gewährleistung der Sicherheit über die effektive Funktion des Incident Managements.

Tabelle 5 Organisatorische Sicherheitsziele und Auditziele (Quelle: Autor)

11.3 Schwachstellen und Risiken

Die Integration von mobilen Endgeräten in essenzielle Geschäftsabläufe ist ein wesentlicher Punkt beim Aufbau einer mobilen Infrastruktur. Dabei können rasch Sicherheitsprobleme und Risiken entstehen, besonders dann, wenn die Diversität der zu überwachenden Endgeräte in ihrer Summe wächst – eine herausfordernde Aufgabe, die mobilen Endgeräte mit den notwendigen Sicherheitsmassnahmen auszustatten. Denn unerwünschter Datenabfluss, Manipulationen an Endgeräten und Identitätsdiebstahl will mit MDM verhindert werden. Folglich wurde versucht, einige relevante Schwachstellen in (Tabelle 6) darzustellen sowie die Risiken, die damit verbunden sind, darzustellen.

Schwachstellen	Bedrohungen	Risiken
Informationen werden über ein drahtloses Netzwerk übertragen, das oft weniger sicher ist als ein drahtgebundenes Netzwerk.	Böswillige Aussenstehende können dem Unternehmen Schaden zufügen.	Das Abfangen von Informationen, die zu einer Verletzung sensibler Daten, einer Schädigung des Rufs des Unternehmens, Nichteinhaltung von Vorschriften, führen zu rechtlichen Schritten.
Die Bluetooth-Technologie ist für viele Mitarbeiter praktisch, um freihändig zu sprechen. Bluetooth wird jedoch oft eingeschaltet gelassen und ist somit auffindbar.	Hacker können das Endgerät entdecken und einen Angriff starten.	Gerätekorruption, Datenverlust, Anrufabhörung, möglicher Diebstahl von sensiblen Informationen
Unverschlüsselte Informationen werden auf dem Gerät gespeichert.	Für den Fall, dass ein böswilliger Aussenstehender Daten während der Übertragung abfangen oder ein Endgerät stehlen sollte oder wenn der Mitarbeiter das Gerät verliert, sind die Daten lesbar und nutzbar.	Gefährdung sensibler Daten, die zu Schäden für das Unternehmen, Kunden oder Mitarbeiter führt.
Datenverluste können die Produktivität der Mitarbeiter beeinträchtigen.	Mobile Endgeräte können aufgrund ihrer Portabilität verloren gehen oder gestohlen werden. Daten auf diesen Geräten werden nicht immer gesichert.	Mitarbeiter, die von mobilen Geräten abhängig sind, können nicht weiterarbeiten, bei defekten, verlorenen oder gestohlenen Geräten und Daten, die nicht gesichert wurden

IT-Sicherheit

Schwachstellen	Bedrohungen	Risiken
Das mobile Endgerät hat keine Authentifizierungsanforderungen angewendet.	Im Falle, dass das Endgerät verloren geht oder gestohlen wird, können Aussenstehende auf das Gerät und alle seine Daten zugreifen.	Offenlegung der Daten, die zu Schäden für das Unternehmen, Haftungs- und Regulierungsfragen führt.
Das Endgerät ermöglicht die Installation von unsignierten Anwendungen von Drittanbietern.	Die Anwendung kann Malware enthalten, die Trojaner oder Viren verbreitet. Die Anwendungen können das Endgerät auch in ein Gateway verwandeln, damit böswillige Aussenstehende in das Unternehmensnetzwerk eindringen können.	Verbreitung von Malware, Datenverlust, Eindringen in das Unternehmensnetzwerk.

Tabelle 6 Schwachstellen, Bedrohungen und Risiken bei mobilen Endgeräten (Quelle: Autor)

11.3.1 Datenverlust

Das Risiko, das sensible Firmendaten abfliessen, steigt bei BYOD-Ansätzen wesentlich an. Smartphones und Tablets können mit geeigneten Apps als mobile Speicher betrieben werden und so Firmendaten auf einen Cloud-Speicher kopieren.

Dabei gehen Unternehmen mit der Regelung für BYOD in der Regel sehr tolerant um. Denn für ein Unternehmen sinken bekannterweise die Anschaffungskosten für Hardware, gleichzeitig steigt die Zufriedenheit und Motivation der Mitarbeiter.

In der Realität sieht das jedoch komplett anders aus. Es ist bei privaten Endgeräten davon auszugehen, dass diese gerootet und jailbroken sein könnten. Ebenso ist es gut möglich, dass bereits Apps mit Spyware, Computerviren und Trojaner installiert sind.

«Gemäss Klett (2015, S84) ist die gesamte Mobile Umgebung zunächst als völlig unsicher anzusehen. Da es sich bei BYOD um Endgeräte mit privatem Datenbestand handelt, ist die Zustimmung des Betriebs- oder Personalrates und des Datenschutzbeauftragten zur Regelung der Details bei der Überwachung der Endgeräte einzuholen.»

11.3.2 Unberechtigter Zugriff

Das Liegenlassen oder Verlieren von mobilen Endgeräten ist wohl das grösste Risiko für Datenabflüsse. Wenn ein Mitarbeiter auf Geschäftsreisen am Flughafen oder sogar im Flugzeug sein Mobiltelefon für eine kurze Zeit unbeaufsichtigt lässt, entstehen dabei gute Möglichkeiten, das Endgerät auf Daten zu durchsuchen bzw. Spyware zu installieren, um das Endgerät später auszuspähen. Ein für alle zugänglicher Bereich eignet sich deshalb nicht für den Umgang mit sensiblen Firmendaten. Denn falls es geschieht, dass ein mobiles Endgerät in falsche Hände gelangt, ist es durch einfachste Installation einer Spyware möglich, auf die integrierte Webcam zuzugreifen und sensible Daten abzufotografieren. Telefonate lassen sich ebenfalls ganz einfach abhören. Es muss jedoch nicht immer Spyware sein, ein simples Entfernen der mobilen Speicherkarten und die Firmendaten sind weg. Ohne zusätzliche Sicherheitsmassnahmen sind eine Manipulation von Endgeräten und der Verlust der Firmendaten bei einem Verlust oder Diebstahl vorprogrammiert.

11.3.3 Malware

Es gibt immer mehr Daten stehlende Software, die aus der so genannten Schadsoftware Familie stammen. Vor allem mobile Endgeräte mit dem Android-Betriebssystem sind betroffen. Das liegt im Wesentlichen daran, dass Android eine offene Plattform ist und ihre Applikationen nicht von einem streng kontrollierten App Store zu beziehen sind. Die Quelle der Applikationen können von beliebigen Internetseiten stammen und werden als so genannte Drive by Download Apps auf dem mobilen Endgerät installiert.

«Gemäss Klett (2015, S 86) Mit Drive-by-Download wird das unbewusste und unbeabsichtigte Herunterladen von Software auf den Rechner eines Benutzers allein durch das Anschauen einer dafür präparierten Webseite bezeichnet.»

11.3.4 Phishing

Phishing-Attacken auf Mitarbeiter sind meist sehr zielgerichtet. Meistens gelangt die Bedrohung in Form einer Email oder eines Links in das Unternehmensnetzwerk. Leider sind solche Mails vom normalen Mitarbeiter heute nicht mehr so einfach von echten Absendern zu unterscheiden. Welche Schäden solche Angriffe hinterlassen können, wurde bei der Verbreitung von WannaCry 2017 deutlich. «Gemäss einer Statistik von Trusteer.com setzen sich die Benutzer von mobilen Endgeräten dreimal häufiger Phishing-Attacken aus als stationäre Anwender von Desktops.»

IT-Sicherheit

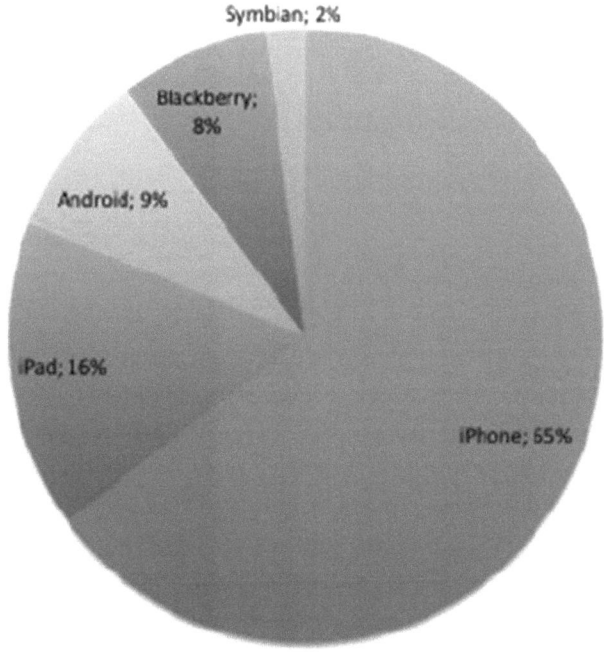

Abbildung 15 Häufigkeit des Aufrufs von Phishing-Websites nach Betriebssystem (Quelle: Trusteer.com)

Bedrohungen welche ein Betriebssystem eins mobilen Endgeräts beinträchtigen, führen ungewollt zu katastrophalen Datenverlusten oder gar zu einer Überwachung des mobilen Endgerätes. Kompromittierte Endgerät erlauben es den Angreifern das Endgerät mit höheren Berechtigungen zu steuern, als üblicherweise an Applikationen vergeben werden.

Sollte dies geschehen, genügt es bereits einen manipulierten Link in einer Email anzuklicken und der Angreifer kann z.b. Die Kamera oder das Mikrofon des Endgerätes aktivieren und somit Bewegungen des Benutzers verfolgen oder gar die Gespräche abhören.

«Gemäss Klett (2015, S 86) wird Phishing als Versuch bezeichnet, über E-Mail, Kurznachrichten oder gefälschte Webseiten an sensible Daten einer Internetbenutzers zu gelangen und damit Identitätsdiebstahl zu begehen.»

12 Wirtschaftliche Erkenntnisse

Ob nun das Mobile Device Management On Premise oder als eine SaaS Lösung betrieben wird, hängt grundsätzlich mit der Entscheidung der Sicherheit sowie den wirtschaftlichen Aspekten zusammen.

Allein der Wissensaufbau ist während der Evaluierungsphase mit einem sehr hohen Aufwand verbunden. Den es gibt derzeit über 100 Hersteller von MDM Lösungen, welche zum Teil alle ähnliche Funktionen anbieten, aber vielleicht keinen geeigneten Parten in der nähe haben um das Projekt durchzuführen. In dieser Arbeit werden die in der Studie von Gartner (Kapitel 8.6) vorkommenden Anbieter auf ihre Funktionen sowie Unterstützung untersucht.

MDM kann nicht einfach in bestehende Infrastrukturen implementiert werden, denn es betrifft die gesamt Unternehmensorganisation. Auch finden sich die Unterschiede manchmal gar nicht auf Funktionsebene, sondern in der Lösung der Architektur. Nicht jedem IT Profi gelingt es diese Merkmale zu erkennen.

Es ist somit also nicht selten, dass Unternehmen eine Lösung kaufen und sich später aufgrund der Erfahrungen, die sie mit dem System gemacht haben für eine zweite, welche besser zum Unternehmen passt entscheiden.

Es spricht also viel dafür, erst mal eine Lösung als SaaS zu verwenden, da diese in der Regel wieder gekündigt werden kann um mit einem anderen, für das Unternehmen besser geeigneten SaaS Anbieter weiterzufahren. So kann eine SaaS Lösung kurzfristig live getestet werden. Dies kann enorme Kostensenkungen mit sich bringen, da ein Unternehmen die Lizenz der Software nicht kaufen muss.

12.1 On Premise oder SaaS

On Premise- oder SaaS-Installation von Mobile Device Management? Diese Frage stellten sich ca. 65 Prozent aller Unternehmen in den vergangenen Jahren. Denn so viele Unternehmen planten laut den IT-Analysten von Gartner die Einführung eines Mobile Device Managements für Smartphones und Tablets. Dabei prognostiziert Gartner eine Verschiebung von lokalen Installationen hin zu SaaS. Die bisherige Skepsis gegen die Nutzung von Software Services in Cloud Systemen lösen sich nach und nach auf, da insbesondere Unternehmen wie Google, Microsoft aber auch Salesforce vermehrt auf diese Lösungen setzen. Die komplette IT-Infrastruktur inklusive Software wird in diesem Fall von einem externen IT- Dienstleister gestellt.

Der Zugriff erfolgt üblicherweise über einen Webbrowser beziehungsweise eine Clientsoftware.

12.1.1 Software- und Lizenzkosten

Die Software- und die Lizenzkosten von MDM Anbietern, die auf dem Markt sind haben bis heute noch kein gleiches Niveau erreicht. Dies wird ganz klar aufgezeigt aufgrund der stark variierenden Preisen bis zu 100%. Aus diesem Grund sollten Unternehmen, welche eine Einführung in Betracht ziehen mehrere Software Anbieter prüfen und ebenfalls eine Gesamtkostenrechnung durchführen.

Es ist zu erwarten, dass in nächster Zeit einige Akquisitionen auf dem Markt staatfinden werden. Denn es gibt viele kleinere Hersteller von Lösungen, die ein gutes und technisch ausgereifte Lösung anbieten und somit in den Fokus von grösseren Anbietern gerückt sind, welche eine gesamtheitliche MDM Lösung verfolgen.

Aus diesem Grund ist es sehr wahrscheinlich, dass es eine Preisstabilität bei den grösseren Herstellern gegeben ist. Die Verlierer werden die kleineren Hersteller von MDM Lösungen sein, weil sie einfach dem Preisdruck nicht gewachsen sind und somit langfristig mit sehr hoher Wahrscheinlichkeit vom Markt verschwinden werden. Auch weil sie der schnellen Entwicklung bei den grossen Herstellern nicht standhalten können.

Es empfiehlt sich deshalb auf einen Hersteller mit einer langfristigen Gesamtstrategie zu setzten, da die Kosten für die MDM Software eigentlich nur einen geringen Anteil ausmachen. Ebenso wichtig ist die Wahl des lokalen Partners, welcher bei der Umsetzung der mobilen Strategie einem Unternehmen zu Seite stehen soll.

Sollte ein Unternehmen eine On Premise Lösung bevorzugen, sei es aus Datentechnischer Sicherheitsrisiken, so kann in den meisten Fällen die Lizenz auf Monatsbasis, oder mit einer Einmalzahlung erworben werben. Im Gegensatz zu On Premise Lösungen werden SaaS Lösungen auf Monatsbasis abgerechnet. Die Gebühren sind bei SaaS auf Grund der für ein Unternehmen wegfallenden Infrastrukturkosten sowie Mitarbeiterkosten höher pro Endgerät als bei einer On Premise Lösung.

Bei On Premise Lösungen sind die Kosten bis zu einem bestimmten Punkt fixe Kosten. Das bedeutet, dass ab einer gewissen Anzahl von mobilen Endgeräten eine On Premise Lösung günstiger als eine SaaS Lösung wird.

12.1.2 Hardwarekosten

In Sachen Hardware liegt der Vorteil ganz klar bei der SaaS-Lösung. Es fallen keine Kosten für Hardware im Unternehmen an. Ein Unternehmen das SaaS nutzt begleicht die Gebühren für die Bereitstellung der Services im Rechenzentrum über monatliche Beiträge. Die Kosten für Hardware sind in der Regel fixe Kosten, das heisst: Bis zu einer bestimmten Anzahl an Geräten verändern sich die Kosten nicht. Wird diese Anzahl überschritten, ist zusätzliche Hardware erforderlich. Da die reinen Hardwarekosten beim SaaS-Anbieter in der Regel nicht einzeln ausgewiesen werden, ist eine Gegenüberstellung mit der On Premise-Variante nicht möglich. Somit muss ein Unternehmen, dass vor dieser Entscheidung steht, eine Gesamtkostenrechnung durchführen.

12.1.3 Arbeitszeitkosten

In der Regel werden die Betriebssysteme von Smartphones und Tablets von den Herstellern ein bis zweimal pro Jahr aktualisiert. Das bedeutet, dass diese jeweils kurzen Zyklen einen enormen Aufwand für Administratoren von MDM Systemen bedeutet. Bei einer Vielzahl von mobilen Endgeräten führt dies zu einem hohen unterschiedlichen Stand von Betriebsystemen, welche in der Infrastruktur anzufinden sind, da nicht jeder sein mobiles Endgerät sofort updatet, wenn diese bereitgestellt sind. Da Saas Anbieter im MDM Umfeld als Spezialisten agieren, verfügen sie über aktuelleres Wissen und damit verbunden, über das bessere Knowhow.

Dadurch reduziert sich der administrative Aufwand der gesamten IT Abteilung im Unternehmen enorm. Denn nicht nur die Administratoren einer MDM Lösung haben weniger Aufwand um mobile Endgeräte zu schützen und zu pflegen, sondern auch die Ausbildung für die Mitarbeiter im Service Desk fallen auf Unternehmensseite geringer aus. Den in der Regel übernimmt der SaaS Anbieter einer MDM Lösung auch gleich den First Level Support und entlastet so die Unternehmensinterne IT enorm. Dennoch wird auch heute noch das Argument des eigenen Service Desk verwendet um eine On Premise Lösung zu verwenden. Den für viele Mitarbeiter ist es nach wie vor ein wichtiger Faktor den Unternehmensinternen Ansprechpartner für die Problemlösung aller Art haben.

Werden jedoch die gesamten Kosten für den Betrieb einer MDM Lösung zusammengerechnet, fällt dies sehr schnell in Richtung SaaS Lösung. Bei den kosten für die Arbeit, geht die Entscheidung ob SaaS oder On Premise immer in Richtung SaaS. Für die gesamtheitliche Betrachtung der Wirtschaftlichkeit, sind folgende Punkte wie Integration, Hard- und Softwarekosten, Lizenzkosten sowie Arbeitskosten zu untersuchen.

Folgende Punkte sollten für einen Vergleich mit einbezogen werden.

- Arbeitszeit des IT Mitarbeiters je Endgerät pro Jahr
- Hard- und Softwarekosten
- Anteilige Rechenzentrumskosten
- Beratungskosten während dem Projekt
- Schulung der IT Mitarbeiter
- MDM Lizenzkosten inklusive Wartung

12.1.4 Total Cost of Ownership (TCO)

Ein TCO eignet sich hervorragend, um die verschiedenen Ansätze wie On Premise und SaaS zu vergleichen. Für eine On Premise-Lösung innerhalb der eignen IT-Infrastruktur fallen direkte Kosten für Hardware, Software, Strom, Kühlung und Wartung an. Es ist jedoch schwierig, die indirekten Kosten zu ermitteln – z.B. ungenutzte Services und Leistungen oder administrative Kosten für die Erstellung von Verträgen.

Im Vergleich fallen bei SaaS-Lösungen nur fixe Kosten für die monatliche Nutzung an. Dazu kommen noch Kosten für Betrieb und Administration sowie Schulung der Mitarbeiter

Folgende zwei Beispiele zeigen anhand des TCO-Verfahrens einen Kostenvergleich zwischen einer On Premise-Lösung und einer SaaS-Lösung. Die aufgestellten indirekten Kosten können in jedem Unternehmen variieren, da die Lohnkosten sowie die vertraglich abgemachten Beratungskosten selten gleich sind. Dennoch sollte gut ersichtlich sein, dass im Hinblick auf die Gesamtbetriebskosten beim Vergleich zwischen On Premise und SaaS Unterschiede entstehen.

Das erste Beispiel simuliert ein Unternehmen mit 50 mobilen Endgeräten, was einem KMU entsprechen würde. Das zweite Beispiel simuliert ein Unternehmen mit 1000 mobilen Endgeräten, was einem Grossunternehmen entspricht.

In beiden Modellen werden die Kosten über 5 Jahre berücksichtigt.

Ausgangslage der Berechnung sind fiktive Kosten wie:

Wirtschaftliche Erkenntnisse

Beschreibung	Kosten
1x HP ProLiant DL 360p Gen10 Server	CHF 11'900.-
1x Support Mitarbeiter	CHF 79'200.-
1x Administrator	CHF 108'000.-
1x Software Lizenz für MDM Tool	CHF 8'000.-
1x Externer Berater	CHF 144'000.-
1x Endgeräte Lizenz On Premise	CHF 156.-
1x Endgeräte Lizenz SaaS	CHF 216.-

Tabelle 7 Fiktive Kosten, welche für den TCO verwendet werden (Quelle: Autor)

Die Stromkosten sowie die Klimatisierungskosten für den Server werden mit folgender Berechnung dargestellt. Der HP Server hat eine Stromaufnahme von 2x 800W. Das Klimagerät eine Stromaufnahme von 650W.

$$Server \frac{CHF}{h} = \frac{(2 \times 800Wh)}{1000} = 1.6 kWh = \frac{1.6 kWh * \frac{(26.24 Rp. + 15.11 Rp)}{2}}{100}$$
$$= CHF\ 0.33.-/h$$

$$Klima \frac{CHF}{h} = \frac{650 Wh}{1000} = 0.65 kWh = \frac{0.65 kWh * \frac{(26.24 Rp. + 15.11 Rp)}{2}}{100}$$
$$= CHF\ 0.13.-/h$$

Pro Jahr entstehen dabei Stromkosten in Höhe von CHF 2'897.- für den Server und CHF 1'177.- für den Betrieb der Klimaanlage. Die Gesamtkosten belaufen sich somit auf CHF 4'074.-

Wirtschaftliche Erkenntnisse

On Premise	1. Jahr	2. Jahr	3. Jahr	4. Jahr	5. Jahr	Durchschnitt
Hardware	11'900.-	1'500.-	1'500.-	1'500.-	1'500.-	3'580.-
Software	8000.-	-	-	-	-	1'600.-
Lizenz / Endge-	156.-	156.-	156.-	156.-	156.-	156.-
Installation	19'383.-	-	-	-	-	3'877.-
Betrieb	331'200.-	3312'00.-	331'200.-	331'200.-	331'200.-	331'200.-
Service	9'188.-	9'188.-	9'188.-	9'188.-	9'188.-	9'188.-

Tabelle 8 Kostenaufstellung für eine On Premise Lösung (Quelle: Autor)

SaaS	1. Jahr	2. Jahr	3. Jahr	4. Jahr	5. Jahr	Durchschnitt
Hardware	-	-	-	-	-	-
Software	-	-	-	-	-	-
Lizenz /	216.-	216.-	216.-	216.-	216.-	216.-
Installa-	-	-	-	-	-	-
Betrieb	331'200.-	331'200.-	331'200.-	331'200.-	331'200.-	331'200.-
Service	9'188.-	9'188.-	9'188.-	9'188.-	9'188.-	9'188.-

Tabelle 9 Kostenaufstellung für eine SaaS-Lösung (Quelle: Autor)

Die Durchschnittskosten beider Lösungen werden dann in einem Tabellarischen TCO gegenübergestellt und das Ergebnis erläutert.

Wirtschaftliche Erkenntnisse

KMU	On Premise 50	SaaS 50
Direkte Kosten		
Hardware und Installation		
Hardware	CHF 3'580.-	-
Installation	CHF 3'877.-	-
Endgeräte	CHF 7'800.-	CHF 10'800.-
Lizenzkosten	CHF 1'600.-	-
Indirekte Kosten		
Administrativer Aufwand		
Interner Aufwand	CHF 331'200.-	CHF 331'200.-
Externer Aufwand	CHF 144'000.-	-
Schulungskosten		
Mitarbeiter Schulung	CHF	CHF
Administratoren Schulung	CHF 3'000.-	CHF 3'000.-
Betriebskosten		
Stromkosten	CHF 4'074.-	-
TCO	CHF 498'831.-	CHF 345'000.-
Differenz in %	0 %	-30.8 %

Tabelle 10 TCO für KMU mit 100 Endgeräten COPE (Quelle: Autor)

Ein Unternehmen, das um die 50 mobilen Endgeräte mit einer MDM-Lösung managen möchte, würde gemäss dieses TCO 30.8 % Gesamtkosten einsparen, wenn die gewählte Lösung eine SaaS-Lösung ist. Natürlich kann diese Aussage nicht verallgemeinert werden, da die Kosten in jedem Unternehmen variieren und die Kosten des jeweiligen MDM-Anbieters nicht mit diesen übereinstimmen.

Wirtschaftliche Erkenntnisse

Grossunternehmen	On Premise 1000	SaaS 1000
Direkte Kosten		
Hardware und Installation		
Hardware hoch verfügbar	CHF 7160.-	-
Installation	CHF 3'877.-	-
Endgeräte	CHF 156'000.-	CHF 216'000.-
Lizenzkosten	CHF 1'600.-	-
Indirekte Kosten		
Administrativer Aufwand		
Interner Aufwand	CHF 331'200.-	CHF 331'200.-
Externer Aufwand	-	-
Schulungskosten		
Mitarbeiter Schulung	CHF	CHF
Administratoren Schulung	CHF 6'000.-	CHF 6'000.-
Betriebskosten		
Stromkosten	CHF 4'074.-	-
TCO	CHF 509'911.-	CHF 553'200.-
Differenz in %	-7.8 %	0 %

Tabelle 11 TCO für Grossunternehmen mit 1000 Endgeräten COPE (Quelle: Autor)

Ein Unternehmen, das um die 1000 mobile Endgeräte mit einer MDM-Lösung managen möchte, würde gemäss dieses TCO 7.8 % Gesamtkosten einsparen, wenn die gewählte Lösung eine On Premise-Lösung ist. Natürlich kann diese Aussage nicht verallgemeinert werden, da die Kosten in jedem Unternehmen variieren und die Kosten des jeweiligen MDM-Anbieters nicht mit diesen übereinstimmen.

13 Schlussfolgerung

Mobile Endgeräte sind ein fester Bestandteil unserer Gesellschaft geworden. Sie erleichtern die weltweite Kommunikation sehr, indem sie über Funktechnologien erlauben, Daten auszutauschen. Dass dies ein wichtiger Faktor in einer stark globalisierenden Welt ist, um schnell auf Situationen und Bedingungen reagieren zu können, muss nicht weiter erläutert werden.

Dementsprechend ist dieser Trend bei Privatanwendern so beliebt, dass sich mobile Endgeräte soweit entwickelt haben, dass nahezu jedes neue Endgerät ein Mini Computer in Form eines Smartphones ist. Dieser Umstand macht es notwendig, dass auch Unternehmen auf diesen Trend reagieren sollten. Die Integration von Mobile Device Management-Systemen in das IT-Service Management ist der Schlüssel zur operativen Effizienz in einer mobilen Welt.

Beim Mobile Device Management kann vieles aus dem klassischen Device Management adaptiert werden, doch bei einigen Punkten müssen die Konzepte überprüft werden. Einer der Aspekte, über die sich die Unternehmen sehr viele Gedanken machen, ist die Sicherheit. Da die Endgeräte mobil sind, haben IT-Verantwortliche Angst, dass völlig neue Strategien entwickelt werden müssen. Dabei sind gerade hierfür schon viele aus dem Device Management adaptierbar, da Notebooks genauso mobile Endgeräte sind wie Smartphones oder Tablets. Vielmehr müssen sich beim MDM-Gedanken über Aspekte der Applikationsverteilung oder das Lizenzmanagement gemacht werden, da durch die Marktplätze völlig neue Konzepte in die Unternehmen eingeführt werden.

Der Wunsch, Daten im eigenen Haus zu halten, sowie Compliance-Aspekte sind häufig Treiber, Mobile Device Management On Premise zu betreiben trotz höherer Kosten. Grossunternehmen hingegen können On Premise-Varianten überwiegend zu gleichen oder günstigeren Kosten als eine SaaS-Lösung betreiben. Häufig fehlen aber interne Ressourcen, um schnell ein MDM-System im Unternehmen zu implementieren. In diesem Fall kann der Zugriff auf einen SaaS-Anbieter eine attraktive Alternative sein.

Um Mobile Device Management in einem Unternehmen einführen zu können, sollte eine Strategie ermittelt, sowie definiert werden. Dabei liegt die Verantwortung bei der Geschäftsleitung bzw. beim Verwaltungsrat.

Um überhaupt eine Strategie entwickeln zu können, sollte auf jeden Fall erst einmal die Ist Situation evaluiert werden. Dies sollte folglich Informationen über bestehende Arbeitsvertragliche Bestimmungen, Weisungen und Mitarbeiterreglement sowie Zugriffsberechtigungen enthalten.

Die Bearbeitung von Personendaten und besonders schützenswerte Personendaten bedürfen zusätzlicher datensicherheitstechnischer Massnahmen wie Dokumentenschutz, Verschlüsselung und eine sichere signierte Übertragung.

Die Eigentumsverhältnisse der mobilen Endgeräte sowie deren Kosten sind zu klären. Es ist dem Mitarbeiter klar zu kommunizieren, wer für Datensicherheit, Datenschutz, Lizenzen und Support verantwortlich ist, sollte kein MDM zur Anwendung kommen. Das Unternehmen muss ausserdem klare Vorgaben bei der Verschlüsselung der mobilen Endgeräte machen.

Wenn es jederzeit möglich sein sollte, ein privates Endgerät teilweise oder ganz zu löschen um Unternehmensdaten von einem gestohlenen bzw. verlorenen Endgerät zu entfernen, muss dies mit dem Mitarbeiter, welche sein eigenes mobiles Endgerät in die Firmeninfrastruktur bring geklärt werden.

Eine Einwilligung des Unternehmen um BYOD zu nutzen sollte nachträglich und dem Mitarbeiter verbindlich durch ein erweitertes Mitarbeiterreglement festgehalten werden und die Mitarbeiter darüber informiert werden.

Mobile Endgeräte werden die IT im Unternehmen in Zukunft ausschlaggebend beeinflussen, deswegen müssen Strategien und Konzepte entwickelt werden. Ob die Unternehmen nun auf den benutzerfreundlichen Trend eingehen oder nicht, müssen sie für sich selbst entscheiden und von ihren Anforderungen abhängig machen. Es sollte nur jedem Verantwortlichen klar sein, dass es fatale Wettbewerbsnachteile bedeuten könnte, kein klares Konzept für MDM zu haben.

Literaturverzeichnis

Anderson, B. ITIL V3 Service Life Cycle. https://itservicemanagement-itil.com/itil-v3-service-life-cycle/ (Besuch: 06.01.2019).

Beranek, N. Bring your own device (BYOD) aus rechtlicher Sicht. https://www.delacruzberanek.com/wp-content/uploads/2018/01/BeranekZanon_BYOD_JLIT.pdf (Besuch: 12.11.2019)

Boodaei, M. Mobile Users 3 Times More Vulnerable to Phishing Attacks https://securityintelligence.com/mobile-users-3-times-more-vulnerable-to-phishing-attacks/ (Besuch: 26.12.2018).

Crealogix AG. Wer wir sind. https://crealogix.com/ch/de/unternehmen/ueber-uns/ (Besuch: 24.01.2019).

Gartner. Magic Quadrant for Enterprise Mobility Management Suites. https://www.gartner.com/doc/reprints?id=1-2A6QBL&ct=170607&st=sb (Besuch: 19.01.2019).

Grahneis, M. (2017). Ausgewählte arbeits- und datenschutzrechtliche Probleme bei der Nutzung privater Endgeräte zu dienstlichen Zwecken: Bring Your Own Device (BYOD). Aachen: Shaker Verlag.

Harich, T. (2012) IT-Sicherheitsmanagement: Arbeitsplatz IT Security Manager. MITP Verlags GmbH.

Heldmann, S. (2014). Dienstliche Nutzung privater Endgeräte (BYOD) und privater Gebrauch dienstlicher Kommunikationsmittel. Oldenburg: Verlag für Wirtschaft, Informatik und Recht.

IDC. Smartphone Market Share. OS Data Overview. https://www.idc.com/promo/smartphone-market-share/os (Besuch: 26.12.2018)

ISO 27001 Grundschutz. Anleitung Massnahmenkatalog. https://dsb.zh.ch/dam/dsb/themen/informationssicherheit/konzept/abweichende_vorlagen/grosse_organe/Massnahmenkatalog.xlsx (Besuch: 19.01.2019).

Kantonsspital St.Gallen. Über uns. https://www.kssg.ch/ueber-uns/organisation/unser-leistungsauftrag (Besuch: 24.01.2019).

Kleiner, F. (2016). IT Service Management. Aus der Praxis für die Praxis. MITP Verlags GmbH.

Klett, G. Kersten, H. (2012). Mobile Device Management. MITP Verlags GmbH.

Klett, G. Kersten, H. (2015). Mobile IT-Infrastrukturen: Management, Sicherheit und Compliance. MITP Verlags GmbH.

Lischka, K. Der erste Taschenrechner wog 1,5 Kilo. http://www.spiegel.de/netzwelt/web/40-jahre-elektro-addierer-der-erste-taschenrechner-wog-1-5-kilo-a-508205.html (Besuch: 11.11.2018).

MDM Community. Mobile Device Management Comparison http://www.mobiledevicemanagement.io/ (Besuch: 01.01.2019).

Pierer, M. (2016). Mobile Device Management: Mobility Evaluation in Small and Medium-Sized Enterprises. Wiesbaden: Springer Fachmedien.

Scholz, H. WAS IST EIN MOBILES ENDENDGERÄT? https://www.munich-digital.com/insights/fachartikel/was-ist-ein-mobiles-endgeraet (Besuch: 12.11.2018)

Schweizerische Eidgenossenschaft. Bundesgesetz über den Datenschutz. https://www.admin.ch/opc/de/classified-compilation/19920153/index.html (Besuch: 08.12.2018).

Schweizerische Eidgenossenschaft. Obligationenrecht. https://www.admin.ch/opc/de/classified-compilation/19110009/index.html (Besuch: 08.12.2018

Statista. Prognose zur Anzahl der Smartphone-Nutzer weltweit von 2012 bis 2021 (in Milliarden). https://de.statista.com/statistik/daten/studie/309656/umfrage/prognose-zur-anzahl-der-smartphone-nutzer-weltweit/ (Besuch: 24.12.2018

Statista. Anteil der Besitzer von Smartphones bzw. Tablets in der Schweiz in den Jahren von 2013 bis 2018. https://de.statista.com/statistik/daten/studie/537944/umfrage/besitz-von-smartphone-bzw-tablet-in-der-schweiz/ (Besuch: 24.12.2018

VMware, Forbes Insight. Mitarbeiter sehen massive Produktivitätssteigerung durch digitale Arbeitsplätze https://www.vmware.com/ch/company/news/releases/2018/vmware-forbes-insights-study-employees-see-massive-productivity-gains-from-digital-jobs.html (Besuch: 24.12.2018

Abbildungsverzeichnis

Abbildung 1 Prognose zur Anzahl der Smartphone-Nutzer weltweit von 2012 bis 2021 (Quelle: Statista) 3

Abbildung 2 Anteil der Besitzer von Smartphones bzw. Tablets in der Schweiz in den Jahren von 2013 bis 2018 (Quelle: Statista) 4

Abbildung 3 Würfelmatrix der drei Mobilitätskriterien (Quelle: Heike Scholz) 7

Abbildung 4 Weltweite Betriebssystemübersicht mobiler Endgeräte (Quelle: IDC) 11

Abbildung 5 MDM-Funktionsumfang (Quelle: Autor) 13

Abbildung 6 Darstellung von EMM und dessen Funktionsumfang (Quelle: Auto) 17

Abbildung 7 Darstellung des nach ITIL definierten Lifecycle (Quelle: Anderson, B.) 24

8 UML Darstellung der Relationen von CIs nach ITIL (Quelle: Autor) 28

Abbildung 9 Darstellung einer CMDB mit Datenquellen und Ausgabetools (Quelle: Autor) 29

Abbildung 10 Funktionsweise von Apps und Daten auf Containerebene (Quelle: Autor) 37

Abbildung 11 Funktionsweise von Apps und Daten auf Applikationsebene (Quelle: Autor) 39

Abbildung 12 Magic Quadrant für Enterprise Mobility Management Suites (Quelle: Gartner) 41

Abbildung 13 Darstellung des MDM-Status der CREALOGIX Holding AG im MDM Lifecycle (Quelle: Autor) 50

Abbildung 14 Darstellung des MDM-Status der Kantonsspital St.Gallen im MDM Lifecycle (Quelle: Autor) 52

Abbildung 15 Häufigkeit des Aufrufs von Phishing-Websites nach Betriebssystem (Quelle: Trusteer.com) 71

Tabellenverzeichnis

Tabelle 1 Vergleich der MDM-Konzepte (Quelle: Autor) 36

Tabelle 2 Marktübersicht nach Gartner mit einer Übersicht der Merkmale (Quelle: Autor) 44

Tabelle 3 Marktübersicht nach Gartner mit einer Übersicht der Funktionen (Quelle: Autor) 48

Tabelle 4 SWOT-Analyse im Bezug zu einer möglichen MDM-Lösung (Quelle: Autor) 53

Tabelle 5 Organisatorische Sicherheitsziele und Auditziele (Quelle: Autor) 67

Tabelle 6 Schwachstellen, Bedrohungen und Risiken bei mobilen Endgeräten (Quelle: Autor) 69

Tabelle 7 Fiktive Kosten, welche für den TCO verwendet werden (Quelle: Autor) 76

Tabelle 8 Kostenaufstellung für eine On Premise Lösung (Quelle: Autor) 77

Tabelle 9 Kostenaufstellung für eine SaaS-Lösung (Quelle: Autor) 77

Tabelle 10 TCO für KMU mit 100 Endgeräten COPE (Quelle: Autor) 78

Tabelle 11 TCO für Grossunternehmen mit 1000 Endgeräten COPE (Quelle: Autor) 79

Anhang

MDM Fragebogen

Mobile Device Management Fragebogen							
Unternehmensdaten:							
Name:							
Branche:							
Mitarbeiter:							
MDM Erfahrung:							
Gesprächspartner:							
Anonym?	☐						
Fragen:							
1. Welche Plattformen werden eingesetzt bzw. unterstützt?					ab Version?		
Keine							
Android	☐						
iOS	☐						
Windows Phone	☐						
Blackberry	☐						
Sonstige	☐						

Mobile Device Management Fragebogen

1.1 Welche Mitarbeiter bekommen ein mobiles Endgerät im Unternehmen?

- ☐ alle
- ☐ nur Geschäftsleitung
- ☐ nur Management
- ☐ nur Aussendienst
- ☐ nur für besondere Anlässe (z.B. Piket Dienst oder 7/24 Hotline als Anstellungsanreiz)
- ☐ Sonstige

1.2 Welche Art von mobilen Endgeräten verwalten Sie?

- ☐ Notebooks
- ☐ Tablets
- ☐ Smartphone
- ☐ Feature Phone
- ☐ Sonstige

1.3 Gibt es eine Analyse, wie viel ein mobiles Endgerät über seinen Lebenszyklus kostet?

Antwort:

2. Gibt es ein spezielles Sicherheitskonzept?

Mobile Device Management Fragebogen

Verlust/Diebstahl
- ☐ Fremdlöschung
- ☐ Fremdsperrung
- ☐ Ortung
- Sonstige

Verschlüsselung:
- ☐ Datenverschlüsselung (z.B. AES)
- ☐ SSL
- ☐ VPN
- ☐ PGP
- Sonstige:

Software:
- ☐ Sicherheitscode Pflicht
- ☐ Store Sperre
- ☐ App Sperre
- Sonstige

3. Welche Verwaltungskonzepte werden genutzt

Apps:
- ☐ Unternehmens Store
- ☐ mobile Webseiten
- ☐ direkt aufgespielt

Anhang

Mobile Device Management Fragebogen

Keine unerwünschten Apps	☐
Sonstige	
Konfiguration/Updates:	
Kabelgebunden	☐
Over the Air	☐
Benutzer Self Service	☐
Sonstige	
4. Wird eine MDM-Software eingesetzt?	
Antwort:	
4.1 Wenn ja, welche?	
Antwort:	
4.2 Wenn ja, wie sind die Erfahrungen damit hinsichtlich der Integrationsfähigkeit?	
sehr gut	☐
gut	☐
befriedigend	☐
mangelhaft	☐
ungenügend	☐

Mobile Device Management Fragebogen

4.3 Wenn ja, wie sind die Erfahrungen damit hinsichtlich des Anwendungsumfangs?

- ☐ sehr gut
- ☐ gut
- ☐ befriedigend
- ☐ mangelhaft
- ☐ ungenügend

4.4 Wenn ja, wie sind die Erfahrungen damit hinsichtlich der Kompatibilität?

- ☐ sehr gut
- ☐ gut
- ☐ befriedigend
- ☐ mangelhaft
- ☐ ungenügend

4.5 Wenn ja, wie würden Sie insgesamt die Lösung bewerten?

- ☐ sehr gut
- ☐ gut
- ☐ befriedigend
- ☐ mangelhaft
- ☐ ungenügend

Anhang

Mobile Device Management Fragebogen

5. Setzen Sie das Bring your own Device (BYOD)-Konzept ein?

- ☐ Ja, ausschliesslich
- ☐ Ja, teilweise
- ☐ Nein

5.1 Wenn ja, wie bewerten Sie BYOD

- ☐ sehr gut
- ☐ gut
- ☐ befriedigend
- ☐ mangelhaft
- ☐ ungenügend

5.2 Was sind die grössten Schwierigkeiten an BYOD?

- ☐ zu teuer
- ☐ zu komplex
- ☐ Akzeptanz
- ☐ Benutzer-Knowhow ist zu gering
- ☐ Sonstige

6. Sehen Sie Chancen, dass das mobile Device Management klassische Desktop-PCs verdrängt?

- ☐ Ja, in Form von Notebooks

Mobile Device Management Fragebogen

Ja, in Form von Tablets	☐
Ja, in Form von Smartphones, die an externe Peripherie gedockt werden (z.B. Monitor)	☐
Nein, beides hat seine Daseinsberechtigung	☐
Nein, mobile Endgeräte sind ein überbewerteter Hype	☐
Weiss es nicht	☐

7. Wie werden die Chancen für eine mobile Endgerätestrategie gesehen?

Keine Chancen	☐
Könnte eine Alternative sein	☐
Sehr gute Chancen	☐

7.1 Wenn keine Chance, warum?

keine Marktdurchdringung	☐
schlechtes Konzept	☐
mangelnde Erfahrung hinsichtlich mobiler Endgeräte	☐
Sonstige	

7.2 Wenn sehr gute Chancen, warum?

hohe Kompatibilität	☐
kontextsensibles Betriebssystem (Normaler Desktop und Metro)	☐
hohe Durchdringungsrate von Microsoft in Unternehmen	☐

Mobile Device Management Fragebogen

Sonstige

8. Wie sind Ihre Erfahrungen mit einer Einführung von MDM-Lösungen?

8.1 Grösste Schwierigkeiten

zu teuer ☐

fehlende Erfahrungen ☐

Sonstige

8.2 Grösster Nutzen

Prozessoptimierung ☐

Kostenreduzierung ☐

Mitarbeiterentlastung ☐

Sonstige

Mobile Device Management Fragebogen

9. Gibt es Vereinbarungen für die Nutzung von mobilen Endgeräten?

Ja ☐

9.1 Wenn ja, bitte beschreiben Sie diese kurz

9.2 Wenn nein, warum nicht?

10. Sonstiges (Kommentare, weitere Informationen)

Begründung der Themenwahl

Jeder Mitarbeiter bringt heute mindestens ein mobiles Gerät mit ins Unternehmen. Smartphones und Tablets werden dabei meist nicht nur privat benutzt, sondern auch für die unternehmensinterne Kommunikation verwendet und oft haben diese Geräte auch Zugriff auf Server und Dateien.

Da Administration und Unterhalt dieser Geräte meist den Mitarbeitern selbst obliegt, entstehen Sicherheitslücken, die für das Unternehmen ärgerliche und auch kostspielige Folgen haben können. Nicht nur durch falsches Passworthandling, auch durch Verlust oder Diebstahl der Geräte können Daten in falsche Hände geraten.

Bezug zu Unterrichtsfächern

- Unternehmenssicherheit
- Recht & Compliance
- IT Management und Strategie
- Service Management
- Business Engineering
- Information Engineering
- Betriebswirtschaft

Fragestellungen

Ich möchte mich in meiner Diplomarbeit mit folgenden zentralen Fragestellungen auseinandersetzen:

- **Frage 1:** Was ist MDM und welche technischen Anforderungen werden an eine MDM Lösung gestellt, um die Sicherheit für ein Unternehmen zu garantieren?
- **Frage 2:** Welche wirtschaftlichen Auswirkungen (Chancen und Risiken) können eintreten, wenn ein Unternehmen MDM einführt?
- **Frage 3:** Was sind die Rechte und Pflichten für das Verwalten von mobilen Geräten in einem Unternehmen?

Absicht der Arbeit

Diese Arbeit soll ein Konzept für ein Unternehmen werden, welche es den Mitarbeitern erlaubt, alle mobilen Geräte, welche in privaten Besitz sind einzusetzen für ihre tägliche Arbeit.

Da dies mit potenziellen Risiken für ein Unternehmen verbunden ist, soll anhand einer Anforderungsdefinition von Seiten der Geschäftsleitung sowie IT, dieses Konzept erarbeitet werden.

Eine wirtschaftliche Prüfung der Chancen und Risiken der zu erwarteten Schäden wird dabei evaluiert, welche Aufzeigt, mit welchen finanziellen Schäden ein Unternehmen zu rechnen hat, würde keine Verwaltung von mobilen Geräten eingeführt.

Auch soll ein TCO aufzeigen, welche Form von MDM die wirtschaftlichere ist.

Durch eine Risikoanalyse sowie einer Schutzbedarfsanalyse werden die Anforderungen des Unternehmens evaluiert. Gleichzeitig werden die Rechte und Pflichten beider Parteien dargestellt, um klarzulegen, dass nicht nur das Unternehmen recht auf Datenschutz, sondern auch deren Mitarbeiter diese rechte besitzen.

Ausformulierte Ziele der Arbeit

Das Ziel der Arbeit ist es einem Unternehmen die technischen-, die Wirtschaftlichen-, sowie die rechtlichen Aspekte zu erläutern. Dabei sollen die Anforderungen von allen Interessengruppen berücksichtigt werden. Durch Grundlagenforschung wird klar erläutert um was es sich bei Mobile Device Management handelt.

Die Berücksichtigung der Anforderungen werden unter dem Aspekt der rechtlichen Pflichten und Rechte der jeweiligen Partei bearbeitet.

Durch eine Nutzwert Analyse sowie einem Total Cost of Ownership, wird evaluiert ob eine On-Premise oder eine On-Demand Lösung für ein Unternehmen am sinnvollsten ist.

Dabei wird auf eine langfristige wirtschaftliche Auswirkung (Datenverlust) grossen Wert gelegt.

Messbar soll dabei die Ausarbeitung der Grundlagen, Wirtschaftlichkeit sowie die Rechtlichen Aspekte bezüglich der Nutzung von MDM sein.

Das Konzept wird innerhalb von vier Monaten ausgearbeitet und ist bis zum 28.02.2019 abgeschlossen.

Arbeitsvorgehen

Problemstellung & Fragestellungen:

- Klare Darstellung der Relevanz des Themas
- Klare Darstellung der Problemstellung (wecken Sie Interesse)
- Stringente Formulierung der Forschungsfrage (klar, explizit)

Aufarbeitung des Wissenstandes:

- Kompakte, differenzierte Aufarbeitung des Forschungsstandes (umfangreiche, kritische und problemorientierte Auseinandersetzung und Reflexion)
- Berücksichtigung der relevanten Literatur aus dem deutschsprachigen und dem internationalen Forschungsraum

Zusammenfassung der Arbeit & Ergebnisdarstellung:

- Plausible, differenzierte und klare Darstellung der Ergebnisse
- Bezug zu den Fragestellungen
- Bezug auf die zugrunde gelegten Theorien
- Bezug zu den verwendeten Methoden
- Reflexion über Grenzen & Schwächen der Arbeit

Informationsbeschaffung / Quellen

Besgen, Nicolai. (2013). Handbuch Internet Arbeitsrecht: Rechtssicherheit bei Nutzung, Überwachung und Datenschutz. Bonn : Deutscher Anwalt Verlag

Däuble, Wolfgang. (2013). Internet und Arbeitsrecht : [Social Media, E-Mail-Kontrolle und BYOD - bring your own device]. Frankfurt am Main : Bund-Verlag

Däuble, Wolfgang. (2018). Digitalisierung und Arbeitsrecht: Internet, Arbeit 4.0 und Crowdwork. Frankfurt am Main: Bund Verlag

Grahneis, Maike. (2017). Ausgewählte arbeits- und datenschutzrechtliche Probleme bei der Nutzung privater Endgeräte zu dienstlichen Zwecken: Bring Your Own Device (BYOD). Aachen: Shaker Verlag

Kamps, Daniel. (2016). Mobile Data Management Ansätze im Vergleich. Potenzial und Risiken von "Corporate Owned, Personally Enabled" und "Bring your own Device" GRIN Publishing

Klett, Gerhard. Kersten, Heinrich. (2015). Mobile IT-Infrastrukturen: Management, Sicherheit und Compliance. MITP Verlags GmbH

Klett, Gerhard. Kersten, Heinrich. (2012). Mobile Data Management. MITP Verlags GmbH

Kramer, Stefan. Bongers, Frank. (2017). IT-Arbeitsrecht: digitalisierte Unternehmen: Herausforderungen und Lösungen. München: C.H. Beck

Kohne, Andreas. Ringleb, Sonja. (2015) Bring your own Device: Einsatz von privaten Endgeräten im beruflichen Umfeld – Chancen, Risiken und Möglichkeiten. Wiesbaden: Springer Fachmedien Wiesbaden

Monsch, Christine. (2017). Bring Your Own Device (BYOD): Rechtsfragen der dienstlichen Nutzung arbeitnehmereigener mobiler Endgeräte im Unternehmen. Berlin: Duncker & Humblot

Wedde, Peter. Brink, Stefan. (2016). Handbuch Datenschutz und Mitbestimmung. Frankfurt am Main: Bund Verlag

Tremp, Hansruedi. Hess, Daniel. Bruderer, Tobias. (2016). Mobile Computing und Business : Überblick zu mobilen Netzwerken, Endgeräten, Betriebssystemen, App-Entwicklung, Enterprise Mobile Management, Security, Business Modelle und Learning. Norderstedt: BoD, Books on Demand